Kay Walter | Rüdiger Liedtke

111 Orte in Brüssel, die man gesehen haben muss

emons:

Bibliografische Information der Deutschen Nationalbibliothek
Die Deutsche Nationalbibliothek verzeichnet diese Publikation
in der Deutschen Nationalbibliografie; detaillierte bibliografische
Daten sind im Internet über http://dnb.d-nb.de abrufbar.

© Emons Verlag GmbH
Alle Rechte vorbehalten
© der Fotografien: siehe Seite 240
© Covermotiv: fotolia.com / nui7711
Layout: Eva Kraskes, nach einem Konzept
von Lübbeke | Naumann | Thoben
Kartografie: altancicek.design, www.altancicek.de
Kartenbasisinformationen aus Openstreetmap,
© OpenStreetMap-Mitwirkende, ODbL
Druck und Bindung: Hitzegrad Print Medien & Service –
Lensing Druck Gruppe, Feldbachacker 16, 44149 Dortmund
Printed in Germany 2017
ISBN 978-3-7408-0128-1
Originalausgabe

Unser Newsletter informiert Sie
regelmäßig über Neues von emons:
Kostenlos bestellen unter
www.emons-verlag.de

Vorwort

Brüssel, die belgische Hauptstadt, ist eine vielschichtige Stadt, eine Metropole voller Widersprüche, struktureller Brüche und Überraschungen. Eine Stadt mit einer bewegten Geschichte über alle Epochen hinweg. Wussten Sie, dass Albert Einstein und Marie Curie im Hotel »Metropole« Physikgeschichte geschrieben haben? Dass in Brüssel das »Kommunistische Manifest« entstanden ist? Und dass hier der sichtbare Größenwahn zu Hause ist?

Die Menschen in Brüssel sind lebenslustig und offen. Es gibt extravagante Restaurants, aber auch die besten Pommes frites der Welt, einzigartige Chocolaterien und Kneipen. Brüssel ist die Stadt der 1.000 Biersorten mit großer Party- und Musikszene. Sie ist zu Teilen mittelalterlich geprägt, genauso aber auch vom Jugendstil. Brüssel hat modernste Museen, eine vielfältige Theaterlandschaft und ist zudem die Welthauptstadt des Comics.

Brüssel ist aber auch Sitz diverser Gremien der Europäischen Union, wie der EU-Kommission, des EU-Ministerrates, des EU-Parlaments und der NATO. Eine international ausgerichtete Stadt, ein Schmelztiegel der Nationalitäten. Gleich hinter der schillernden EU-Fassade trifft man auf das afrikanische Viertel Matongé, in dem immer noch das nur unzureichend aufgearbeitete koloniale Erbe Belgiens lebendig ist. Und der von eingewanderten Marokkanern und anderen Nordafrikanern dominierte Stadtteil Molenbeek ist eine Hochburg des Islam; er wurde international bekannt, weil hier die Attentäter von Paris zu Hause waren.

All das fügt sich zusammen zu einer manchmal anarchisch wirkenden, schwer zu regierenden Stadt, die dazu mit Französisch und Flämisch auch noch zweisprachig ist. Vor allem aber zu einer Stadt, in der der Besucher immer neue überraschende Entdeckungen machen kann.

»111 Orte in Brüssel, die man gesehen haben muss« ist der etwas andere Reiseführer durch eine der spannendsten und vielseitigsten Städte Europas.

111 Orte

1___ Das A la Mort Subite
Die ultimativen Biere – Gueuze, Kriek und Framboise | 10

2___ Der Abendmarkt
Am Châtelain trinkt, isst und parliert man international | 12

3___ Das ADAM
Ein Hochamt für Plastik | 14

4___ Das Afrikamuseum
Der schöne Schein der dunklen Kolonialgeschichte | 16

5___ Das Arbeiterdenkmal
Die bewegte Geschichte des Monument au Travail | 18

6___ Das Atelier de Moulage
Gips ganz klassisch | 20

7___ Das Bain d'Ixelles
Schwimmen im Jugendstilambiente | 22

8___ Die Basilika
Für viele Brüsseler ist sie nur die »Hässliche« | 24

9___ Die Bayern-Vertretung
Schloss »Neuwahnstein« im Europaviertel | 26

10___ Der Beginenhof
Kirche, Altenheim und Ort der Einkehr | 28

11___ Das Bellone
Die versteckte Barockfassade | 30

12___ Der Blindenbrunnen
Eine Hommage an Pieter Bruegel den Älteren | 32

13___ Der Blumenmarkt
Sonntags treffen sich die Brüsseler am Midi | 34

14___ Die Brauerei
Köstlichkeiten aus spontaner Gärung | 36

15___ Das Brel-Haus
Für Fans und solche, die es werden wollen | 38

16___ Das Bruegel-Grab
Ruhestätte Notre-Dame de la Chapelle / Kapellekerk | 40

17___ Das Carillon
Das Glockenspiel am Mont des Arts | 42

18___ Das Chalet Robinson
Eine Insel inmitten der Stadt | 44

19___ Das Chez Vincent
Durch die Küche in Brels Lieblingsrestaurant | 46

20___ Die Cité Hellemans
Sozialer Wohnungsbau im Bauhausstil | 48

21___ Die Comicwand
Schräge Kunst im öffentlichen Raum | 50

22___ Das Comme chez Soi
Der Platz in der Küche | 52

23___ Die Dinos
Europas größte Saurierparade | 54

24___ Das Dreigestirn
Manneken, Jeanneke und Zinneke Pis | 56

25___ Das Erasmus-Haus
Dürer, Holbein und Bosch im mittelalterlichen Gehöft | 58

26___ Der Fahrstuhl
Der gläserne Aufzug zwischen Ober- und Unterstadt | 60

27___ Der Fischmarkt
Viel Fisch und wenig Wasser | 62

28___ Der Flieger
Der Luftangriff auf die Gestapo-Zentrale | 64

29___ Der Flötist
Peter Pan und der Parc d'Egmont | 66

30___ Die Flügelaltäre
Die Brabanter Bildhauerschule in Vollendung | 68

31___ Die Flugzeughalle
Das ist einzigartig in Europa | 70

32___ Das Foto
Albert Einstein und Madame Curie im Métropole | 72

33___ Die Frittenbude
Am Maison Antoine stand schon die Kanzlerin an | 74

34___ Die Galerie Bortier
Ausgefallenes für Kunstliebhaber | 76

35___ Die Gasse
Nachts werden die Altstadtsträßchen dichtgemacht | 78

36___ Die Gedenkwand
Die Anschläge vom 22. März 2016 | 80

37___ Das Gemeindehaus
Art déco in Forest/Vorst | 82

38___ Das Geschichtshaus
EU-Selbstdarstellung in Zeiten der Krise | 84

39__ Die Gießerei
Industriekultur in Molenbeek | 86
40__ Der Glaspalast
Die Königlichen Gewächshäuser in Laeken | 88
41__ Der Hamam
Marokkanisches Dampfbad in der Rue Gallait | 90
42__ Der Held
Stolz sein auf den Märtyrer Everard 't Serclaes | 92
43__ Die Hölle
Erinnerung an die Stadion-Katastrophe von 1985 | 94
44__ Das Horta-Atelier
Das Wohnhaus des Jugendstilarchitekten | 96
45__ Das Hôtel Tassel
Grundstein der europäischen Jugendstilmetropole | 98
46__ Der Kanal
Wasserstraße und Stadthafen | 100
47__ Die Kleidersammlung
Was dem Manneken Pis so alles angezogen wird | 102
48__ Das Klöppel-Paradies
Brüsseler Spitze als exklusive Rarität | 104
49__ Das Kloster
Sich lustvoll ergehen im Rouge-Cloître | 106
50__ Der Konzertsaal
Im Henry Le Bœuf klingt es aus der Unterwelt | 108
51__ Der Kräuterladen
Hier gehen auch Apotheker und Spitzenköche ein und aus | 110
52__ Der Kubus
Konferieren im Innern des Kunstbergs | 112
53__ Der Kulturpalast
Rauschende Feste im botanischen Glaspavillon | 114
54__ Die Kuppel
Der Justizpalast und der Größenwahn Leopolds II. | 116
55__ Das L'Archiduc
Jazzkneipe mit spezieller Vergangenheit | 118
56__ Das Lager
Antiquitäten stapelweise | 120
57__ Der Lautsprecher
La Pasionaria – dem Volk eine Stimme geben | 122
58__ Das Le Cirio
Das Jugendstilcafé mit unverändertem Flair | 124

59 — Das Mahnmal
Le Messager erinnert an die Morde des Marc Dutroux | 126

60 — Das Maison Cauchie
Ein Haus als Werbebanner | 128

61 — Die Mall
Der Clou des 19. Jahrhunderts | 130

62 — Der Marcolini
Wenn aus Schokolade Kunst entsteht | 132

63 — Die Marienfigur
Die Muttergottes und der Ommegang | 134

64 — Das Marionettentheater
Stockpuppen spielen die Belgische Revolution | 136

65 — Der Märtyrerplatz
Urbanes Rechteck ohne Rummel und Bohei | 138

66 — Das Matongé
Kinshasa im Zentrum Brüssels | 140

67 — Das Moeder Lambic
Jederzeit 30 Biere aus dem Zapfhahn | 142

68 — Das MOOF
Hochburg der Schlümpfe | 144

69 — Das Musée Wiertz
Ein Atelier nach dem Maß der Bilder | 146

70 — Der NATO-Stern
Eingezäunt und hinter Gittern | 148

71 — Das New De Wolf
Der ganzjährige Jubelmarkt | 150

72 — Der Nullpunkt
Von wo das Land vermessen wird | 152

73 — Die Oper
Die hohe Kunst und die Belgische Revolution | 154

74 — Das Paar
Ästhetisches vor dem Finance Tower | 156

75 — Der Parc Josaphat
Der Central Park von Schaerbeek | 158

76 — Das Parlamentarium
Das EU-Parlament präsentiert sich seinen Bürgern | 160

77 — Der Pavillon
Die Nackten im Jubelpark | 162

78 — Das Pissoir
Der besondere Service an Sainte-Catherine | 164

79 — Das Rasiergeschäft
Ein königlicher Hoflieferant für Messer und Scheren | 166
80 — Die Reiter
Don Quichotte und Sancho Panza | 168
81 — Die Résistance
Das Museum des belgischen Widerstandes | 170
82 — Der Ritter
Gottfried von Bouillon auf verlorenem Posten | 172
83 — Die Rue Dansaert
Modisch, schick, schräg und teuer | 174
84 — Die Ruhestätte
Der Cimetière du Dieweg und seine Prominenten | 176
85 — Der Rundfunksaal
Jazz und Klassik auf allerhöchstem Niveau im Flagey | 178
86 — Das Schlachtfeld
Waterloo in historischer Kulisse | 180
87 — Der Schlachthof
Einkaufen in den Abattoirs von Anderlecht | 182
88 — Die Schwalbennestorgel
Ein Meisterwerk des Orgelbauers Gerhard Grenzing | 184
89 — Der Schwan
Karl Marx und der »Deutsche Arbeiterverein« | 186
90 — Die Senne
Der Fluss, den niemand sieht und kennt | 188
91 — Das Shoa-Denkmal
Innehalten im »maghrebinischen« Anderlecht | 190
92 — Die Silberkugeln
Das 165 Milliarden Mal vergrößerte Eisenmolekül | 192
93 — Die Solvay-Bibliothek
Auf den Spuren des großen Industriellen und Mäzens | 194
94 — Der Spiegelsaal
Die Skarabäen-Käfer des Jan Fabre | 196
95 — Die Statuen
Die Zünfte und der Widerstand gegen Spanien | 198
96 — Der Stoffladen
Bestes Tuch beim »Grünen Hund« | 200
97 — Das Surrealistenhaus
Magrittes Motive auf Schritt und Tritt | 202
98 — Die Tafel
Ein Weltstar aus Ixelles/Elsene | 204

99 — Das Taubendenkmal
Geheime Botschaften im Ersten Weltkrieg | 206

100 — Das Tauchbecken
Tief unter Wasser inmitten der Stadt | 208

101 — Die Terrasse
Musikalischer Panoramablick | 210

102 — Das Théâtre Flamand
Die Koninklijke Vlaamse Shouwburg im Alten Hafen | 212

103 — Der »Tod des Marat«
Jacques-Louis Davids spektakulärer Wurf von 1793 | 214

104 — Die Tour-&-Taxis-Halle
Ein neues Stadtviertel und ein Musikfestival | 216

105 — Die Train World
Die betörende Reise durch die Welt der Eisenbahn | 218

106 — Das Tropismes
Eine der schönsten Buchhandlungen der Welt | 220

107 — Der Vaartkapoen
Der jugendliche Kanalarbeiter aus Molenbeek | 222

108 — Die Villa Empain
Das Anwesen des steinreichen Junggesellen | 224

109 — Das Wahrzeichen
Das Fenster des Maison Saint-Cyr | 226

110 — Der Wallfahrtsort
Die Mariengrotte – Lourdes inmitten der Stadt | 228

111 — Das Wandgemälde
Paul Delvaux in der Metrostation Bourse/Beurs | 230

1 Das A la Mort Subite

Die ultimativen Biere – Gueuze, Kriek und Framboise

Seit 1928 betreibt die Familie Vossen am hinteren Ausgang der Galeries Saint-Hubert diese denkmalgeschützte Schenke, inzwischen in der vierten Generation. Seitdem haben sich weder der Name noch die Jugendstildekoration geändert; auch weiterhin bietet die Speisekarte nur kleine Snacks: Omelett, Salat und Käse. Aber nach wie vor ist die Kneipe für die Freunde der belgischen Biere ein absolutes Muss. Natürlich sind die Fruchtbiere Kriek und Framboise – Kirsch- und Himbeerbier – sehr zu empfehlen, auch wenn das die Verfechter des deutschen Reinheitsgebots nicht so gerne hören. Und selbstverständlich sind die starken Abtei- und Trappistenbiere sowohl aus der Flasche als auch vom Fass im Ausschank.

Spezialität des Hauses sind aber die hauseigenen Lambic und Gueuze, Biersorten, die durch Spontangärung entstehen. Für Nicht-Brüsseler ist der säuerliche Geschmack gewöhnungsbedürftig. Fans dagegen reisen dafür extra an, denn diese Biere suchen weltweit ihresgleichen. Sie entstehen ohne Zusatz von Zuchthefe, allein durch die in Brüssel frei in der Luft schwebende natürliche Hefe. Nach der Gärung wird das Bier wie Champagner mit einem Korken verschlossen und zwei Jahre in Flaschen gelagert. Auch das Öffnen klingt dann wie bei Champagner. Gueuze gilt als stark harntreibend, ein netter Running Gag in »Asterix bei den Belgiern«.

Der martialische Name A la Mort Subite – zum plötzlichen Tod – hat nichts mit der Wirkung des Bieres zu tun, sondern mit einem Würfelspiel. Auch die erste Kneipe von Théophile Vossen lag, wie die heutige, im Bankendistrikt der belgischen Hauptstadt. Endete die Mittagspause der Bankangestellten, bevor eine Runde entschieden war, so wurde sie durch einen einzelnen Wurf geklärt, den Mort Subite, in Deutschland bekannt als »Hoch gewinnt«. Der Name ist geblieben, für Bier und Kneipe, letztere heißt auf gut Belgisch »Estaminet«. Gleich neben dem Eingang rechts hängt das Foto eines ehemaligen Stammgasts: Jacques Brel saß hier oft und gerne.

Adresse Rue Montagne aux Herbes Potagères/Warmoesberg 7, 1000 Brüssel, Tel. +32/(0)2/5131318, http://alamortsubite.com/en | **Anfahrt** Bus 29/38/63/66/86, Haltestellen Arenberg oder Assaut | **Öffnungszeiten** täglich 11–1 Uhr | **Tipp** In der Rue des Alexiens 55 liegt, etwas abseits der üblichen Routen für Nicht-Einheimische, das La Fleur en Papier Doré (Die Blume aus Goldpapier), eine Brüsseler Institution und Stammkneipe vieler Künstler, darunter René Magritte.

2 Der Abendmarkt

Am Châtelain trinkt, isst und parliert man international

Die Place du Châtelain ist keiner der großen und wichtigen und auch ganz bestimmt nicht einer der schönsten Plätze der Stadt. Und doch trifft man hier in der Teilgemeinde Ixelles auf Brüssel pur. Die Gegend hinter der mondänen Einkaufsstraße Avenue Louise hat sich zu einem der beliebtesten Wohnviertel der Stadt gemausert. Man sieht viel Jugendstil, dazu die schönen drei- bis vierstöckigen belgischen Bürgerhäuser, die Maisons de Maître. In den Straßen gibt es zahlreiche gute Restaurants und viele hübsche, moderne Geschäfte. Die Gegend ist beliebt bei Brüsselern und Zugezogenen.

Seinen großen Auftritt aber hat der Châtelain oder Kasteleinsmarkt immer mittwochs. Am Nachmittag werden die Marktstände aufgebaut: frisches Obst, Gemüse aus der Umgebung, Käse aller Art, Oliven, Schinken, Wurst, Austern, Blumen und Wein – ein schöner Bauernmarkt. Richtig spannend wird es allerdings erst ab 18 Uhr zur Apéro-Zeit. Die Menschen kommen aus ihren Büros, und der Einkauf wird zur Nebensache. Jetzt steht das Viertel zusammen und erzählt vom Tag, vom Leben. Und dabei zeigt sich der besondere Charme der Stadt. Brüssel ist international, und so wird hier in vielen Sprachen geredet und geradebrecht: Französisch, Flämisch, Deutsch, Englisch, Griechisch, Spanisch, Italienisch, alles bunt durcheinander. Wer gerade nichts versteht, bittet den Nachbarn um Übersetzungshilfe. Gruppen treffen sich, gehen auseinander, mischen sich mit anderen Menschen. Kaum jemand bleibt für sich allein. Die meisten Marktbesucher kaufen den Wein flaschenweise, bewirten damit ihre jeweiligen Nachbarn, ob bekannte oder neue Gesichter. Es redet sich gerade so gut. Manche gehen nach einer Stunde, andere bleiben. Und reden. Und essen. Und trinken. Bis exakt 21 Uhr. Dann wird gnadenlos abgebaut, Sperrstunde für den Markt. In den umliegenden Kneipen geht es weiter, und so mancher Einkaufskorb ist schon in einer der Bars am Platz einfach stehen geblieben.

Adresse Place du Châtelain / Kasteleinsplein, 1050 Brüssel (Ixelles / Elsene) | **Anfahrt** Tram 81, Bus 54, Haltestelle Trinité / Drievuldigheid; Tram 93/94, Haltestelle Bailli | **Öffnungszeiten** Mi ab 17 Uhr | **Tipp** Wer schon etwas früher Zeit hat, sollte sich das Nijinski in der Rue du Page / Edelknaapstraat 15 nicht entgehen lassen. Eine Secondhand-Buchhandlung der besonderen Art.

3_ Das ADAM
Ein Hochamt für Plastik

»The Age of Aquarius«: Mit dieser Hymne der 60er Jahre beginnt das Musical »Hair«. Treffender wäre das Jahrzehnt charakterisiert mit: das Zeitalter des Plastiks. 1960 wurde das erste Möbelstück hergestellt, das komplett aus Kunststoff bestand, doch mit der ersten Ölkrise 1973 war das ölbasierte Plastik abrupt aus der Mode. Dazwischen liegt ein Rausch in Farben, in gewagtem, aber dennoch erschwinglichem Design, und der Aufbruch einer ganzen Generation, deren Kleidung gar zu guten Teilen aus Plastik bestand.

Dieser Zeit ist das neue Art & Design Atomium Museum ADAM gewidmet. Popkultur pur, eine einzige Orgie in Bunt: Fernsehgeräte, Telefone und Plattenspieler, Sitzkugeln, offen und verschließbar, Schreibtische, Lampen und Kunstobjekte bis hin zu Teilen einer Diskothek aus einem italienischen Hotel. Sessel zum Aufblasen oder aus Fiberglas – die »Swinging Sixties« feiern Auferstehung. Der belgische Privatsammler Philippe Decelle hat die Objekte seit 1986 zusammengetragen (unter anderem von Designern wie Joe Colombo, Günther Beltzig und Verner Panton) und nun dem Museum gestiftet. Interesse an der Sammlung bestand auch in London und New York, aber Philippe Decelle bedachte seine Heimatstadt, vor allem auch wegen des Standorts direkt neben dem Atomium, einem anderen Symbol des Aufbruchs. Das passe gut zusammen, fand Decelle, schon weil in einer der Kugeln des Atomiums eine ähnliche, aber viel kleinere Sammlung bestand. Die ist nun ins ADAM eingegliedert.

Mit dem sogenannten Plasticarium als Zentrum und ständiger Ausstellung hat das ADAM im Dezember 2015 eröffnet. Filme von Alain Resnais bis Andy Warhol, von »Barbarella« bis »Die Reifeprüfung« tragen dazu bei, eine Epoche lebendig werden zu lassen. Zudem wurde die Sammlung erweitert bis zur Gegenwart, mit Stücken so renommierter Künstler wie Philippe Starck und Charles Kaisin. Hinzu kommen Sonderausstellungen zu unterschiedlichen Themen rund um modernes Design.

Adresse Place de Belgique/Belgiëplein 1, 1020 Brüssel (Laeken/Laken), Tel. +32/(0)2/4754764, www.adamuseum.be | **Anfahrt** Metro 6, Tram 7, Bus 84/88, Haltestelle Heysel/Heizel | **Öffnungszeiten** täglich 10–18 Uhr, außer Di | **Tipp** Beeindruckend ist die von Joseph Poelaert im neugotischen Stil erbaute Liebfrauenkirche in Laeken (Parvis Notre-Dame) mit ihrem 99 Meter hohen Turm, die 1872 geweiht wurde. In der Krypta werden verstorbene Mitglieder der königlichen Familie beigesetzt.

4_ Das Afrikamuseum
Der schöne Schein der dunklen Kolonialgeschichte

Belgien und der Kongo sind durch eine extrem brutale Kolonialgeschichte verbunden: Belgien verdankt einen Gutteil seines Reichtums dieser historischen Phase – das ehemalige Kolonialgebiet ist heute in mehrere Staaten zersplittert und macht immer wieder wegen blutiger Kriege um Diamanten und »seltene Erden« Schlagzeilen. Die Mehrheit der Belgier hat dies erst wahrnehmen wollen, als sich der damalige Premierminister Guy Verhofstadt ab dem Jahr 2000 mehrfach für die begangenen Verbrechen entschuldigte.

Das Afrikamuseum im Vorort Tervuren hat einen engen Bezug zur belgischen Kolonialgeschichte. Das Gebäude aus dem Jahr 1896 wurde 1910 zum »Königlichen Museum für Zentral-Afrika«. König Leopold II. finanzierte den Bau des schlossähnlichen Anwesens komplett aus seinen afrikanischen Einnahmen. Der »Kongostaat« – 1897 offiziell ausgerufen – war von 1885 bis 1908 Privateigentum des Königs und lieferte ungeheure Gewinne aus dem Kautschuk- und Diamantenhandel. In den folgenden 50 Jahren war es Schwarzafrikanern nicht erlaubt, nach Belgien einzureisen. Erst zur Weltausstellung 1958 wurden einige afrikanische Familien als »Ausstellungsstücke« ins Land geholt und im Museum vorgeführt.

2005 wurde mit kongolesischen Wissenschaftlern eine Ausstellung zur Kolonialvergangenheit erstellt. Themen: Handel, Verwaltung, Mission und Heimarbeit, nicht aber die Unterdrückung der Kongolesen unter der belgischen Herrschaft. Im Dezember 2013 wurde das Museum geschlossen und soll ab Mitte 2018 mit neuer Konzeption und Neubauten des Architekten Stéphane Beel wieder eröffnet werden. Dann muss es dem persönlichen Engagement von Leopold II. im Kongo und der belgischen Verstrickung in die Ermordung des ersten frei gewählten Präsidenten des Kongo, Patrice Lumumba (1925–1961), Rechnung tragen. Die frühere Darstellung der belgischen Kolonialgeschichte war mehr als fragwürdig. Eine neue, zeitgemäße Präsentation ist unumgänglich für ein Museum dieser Art.

Adresse Leuvensesteenweg 13, 3080 Tervuren, Tel. +32/(0)2/7695211, www.africamuseum.be |
Anfahrt Metro 1, Haltestelle Montgomery, dann S 44 bis Endstation | **Öffnungszeiten**
Wiedereröffnung des Museums voraussichtlich im Juni 2018 | **Tipp** Direkt vor dem Museum
verdeutlicht ein steinerner Elefant, auf dem drei nackte Schwarzafrikaner reiten, sinnfällig das
geschönte Afrikabild des alten Museums und des Landes. Albéric Collin hat die Skulptur 1935
im Auftrag der Schokoladenfabrik Côte d'Or geschaffen, die einen Elefanten im Logo führt.

5 Das Arbeiterdenkmal
Die bewegte Geschichte des Monument au Travail

Direkt am Kanal Charleroi–Antwerpen, am nördlichen Rand des Großen Vergote-Hafenbeckens, steht das Denkmal der Arbeit, groß, wuchtig und monumental. Hafen und Arbeiterdenkmal, das passt zusammen, könnte man meinen. Nur sollte das Denkmal eigentlich nie an diesen Platz.

Constantin Meunier (1831–1905), ein wichtiger Bildhauer des belgischen Naturalismus, gestaltete zwischen 1890 und 1900 die fünf Statuen und vier Reliefs. Letztere zeigen Menschen bei der Arbeit und symbolisieren zugleich die vier Elemente: Industrie (Feuer), Stahlarbeiter am Stich, Mine (Erde), Bergleute im Flöz, Ernte (Luft), Bauern bei der Ernte und schließlich den Hafen (Wasser) mit den Dockarbeitern. Die Statuen heißen Mutterschaft (Symbol der Zukunft), Vorfahr (Vergangenheit), Sämann (Produktion) sowie Bergmann und Schmied (Kohle und Stahl). Ursprünglich sollten sie als Halbkreis oder Pyramide – Meunier war Freimaurer – aufgestellt werden. Darüber gab es Diskussionen, ebenso wie über den Standort. Zu Meuniers 70. Geburtstag 1901 sollte das Denkmal auf dem Kreisverkehr der Avenue Tervuren errichtet werden. Die Regierung verbot das: Bloß keinen Wallfahrts- und Demonstrationsort für die Sozialisten schaffen. Ein Däne bot an, das Werk in Dänemark aufzustellen, was zu derartigen öffentlichen Protesten führte, dass die Regierung es 1902 kaufte, ohne einen Platz dafür zu haben. Nach Meuniers Tod konnte man bei einer Werkschau im Jahr 1909 die Einzelteile kurzfristig sehen. Die belgische Architektenkammer schrieb dann 1926 einen Wettbewerb aus mit dem Ziel, das Denkmal endlich aufzustellen. Der Architekt Mario Knauer erhielt 1929 den Zuschlag, und im Jahr darauf wurde das Denkmal in der heutigen Form errichtet. Allerdings nicht am jetzigen Platz in Laken, sondern auf der anderen Seite des Hafenbeckens in Schaerbeek, auf dem Platz Jules de Trooz. An seinen heutigen Platz kam es erst 1954.

Adresse Quai des Yachts, Grand Bassin Vergote, 1020 Brüssel (Laeken) | **Anfahrt** Tram 62/93, Haltestelle Outre Ponts; Bus 57, Haltestelle Claessens | **Öffnungszeiten** immer zugänglich | **Tipp** Das Musée Meunier im ehemaligen Wohnhaus des Bildhauers (Rue de L'Abbaye/Abdijstraat 59, Brüssel-Ixelles) zeigt zahlreiche seiner Skulpturen und Bilder.

6 Das Atelier de Moulage
Gips ganz klassisch

Gehört haben wohl die meisten Brüsseler schon einmal von »ihrem« Gipsatelier, dort gewesen sind die wenigsten. Und das ist ein Fehler, nicht nur weil es eine der letzten Institutionen dieser Art ist. Das Atelier liegt, etwas versteckt, unter dem Museum für Kunst und Geschichte und kann ohne Eintrittsgebühr besichtigt werden. Ursprünglich war das Atelier sogar ein eigenes Museum für Gipsplastiken und -reliefs. Solche Gipssammlungen waren bis ins 19. Jahrhundert gar nicht so selten. Denn Michelangelos »David« hätte man sonst nur im Original in Florenz bewundern können. In der Zeit vor Film und Fotografie fertigte man Gipsabdrücke an, die dann in den Museen der Welt ausgestellt wurden.

Im Atelier de Moulage lagern gut 16.000 Hohlformen: von der altsteinzeitlichen Venus von Willendorf, einer Statuette von elf Zentimetern Höhe (sie galt nach dem Fund 1908 für 80 Jahre als so kostbar, dass prinzipiell nur eine Kopie ausgestellt werden durfte), über Büsten von Danton, Robespierre oder Beethoven bis zu Michelangelos »David« in der Originalgröße von fünf Metern. Eine solche Gipsstatue wird dann, wie die meisten Statuen, aus mehreren Teilabgüssen zusammengesetzt.

Insgesamt verfügt das Atelier über einen Bestand von über 4.000 Bildnissen – von der Steinzeit bis zum 18. Jahrhundert. Die dort beschäftigten Künstler erzählen gerne über ihre Arbeit und zeigen die riesigen Lager. Alle Abdrücke werden vor Ort verkauft, nicht nur an Museumsshops weltweit, sondern auch an Privatpersonen, die die Statuen in ihren Garten oder die Büsten auf den Kaminsims stellen. Dafür gibt es eigens einen umfangreichen Katalog. Hier bestellt das Stadtmuseum Brüssel seine Statuen vom Manneken Pis für die immer neuen Kleider, und Kunstakademien kaufen Moulage-Artikel als Lehrmaterialien und Stilproben. Auch der amerikanische Künstler Jeff Koons orderte hier den »David«, um ihn bearbeiten zu können.

Adresse Parc du Cinquantenaire / Jubelpark 10, 1000 Brüssel, Tel. +32/(0)2/7417294 | **Anfahrt** Metro 1, Tram 81, Haltestelle Merode; Bus 22/27/80, Haltestelle Gaulois | **Öffnungszeiten** Di – Fr 9.30 – 12 und 13.30 – 16 Uhr, Do 9.30 – 18 Uhr | **Tipp** Über dem Atelier liegt die Autoworld. Neben dem Cadillac-Cabriolet, mit dem John F. Kennedy durch Berlin fuhr, zeigt es Autos vom Ford T1 bis zum aktuellen Rennwagen.

7 __ Das Bain d'Ixelles
Schwimmen im Jugendstilambiente

In der Rue de la Natation 10, der Zwemkunststraat, findet sich das älteste Hallenbad der Region Brüssel, das 1904 als Gemeindeschwimmbad von Ixelles/Elsene erbaut wurde. Beim Eingang in diese Schwimmhalle muss man sich schon auf die Hausnummer verlassen. Einfach zu erkennen ist nämlich nicht, dass sich dahinter ein Hallenbad verbirgt. Dafür wird der Besucher im Inneren dann durch ein für heutige Verhältnisse sehr besonderes Bad entschädigt: Der Bau besticht durch Industriearchitektur der Jahrhundertwende mit sichtbaren Stahlträgern und einem freitragenden Dach, zum Teil aus Glas. Dazu kommt ein Becken mit ausgesprochen ungewöhnlichen, weil nicht der Wettkampfnorm entsprechenden Maßen von 29,2 mal 14,4 Metern bei einer Tiefe von 3,25 Metern und einer Wassertemperatur von 28 Grad. Berühmt ist die Wasserballabteilung (für Männer wie Frauen) des »Königlichen Schwimmclubs Ixelles 1904«.

Heute ist das Bain d'Ixelles als Denkmal eingestuft, nicht wegen seines Alters, sondern wegen der Umkleiden. Es sind keine nach Frauen und Männern getrennten Sammelkabinen, sondern lauter Einzelkabinen, ähnlich kleinen Strandhäusern – ganz im Stil der Epoche. Angeordnet im Karree, umschließen sie auf zwei Stockwerken das gesamte Becken und verleihen der Halle damit ihre ganz besondere Optik. Der Besucher betritt eine freie Kabine, zieht sich darin um und lässt seine Kleidung dort. Badekappen sind Pflicht, können aber auch ausgeliehen werden.

Zu Beginn des 20. Jahrhunderts wurden in vielen Brüsseler Stadtvierteln, damals zum großen Teil noch eigenständige Gemeinden, derartige Hallen gebaut, gerade in den Arbeitervierteln. Das hatte soziale, aber vor allem hygienische Gründe: In den wenigsten Wohnungen gab es Badezimmer. Erhalten geblieben, renoviert und weiter in Betrieb sind nur zwei, das Bain d'Ixelles und die Piscine Victor Boin, erbaut 1905, im Nachbarstadtteil Saint-Gilles.

Adresse Bain d'Ixelles, Rue de la Natation/Zwemkunststraat 10, 1050 Brüssel (Ixelles/Elsene), Tel. +32/(0)2/5156931 | **Anfahrt** Tram 81, Haltestelle Germoir; Bus 59, Haltestelle Natation; Bus 60, Haltestelle Blyckaert | **Öffnungszeiten** Di–So 8–18 Uhr, Mo 8–21 Uhr | **Tipp** Die Piscine Victor Boin in der Rue de la Perche 38 aus dem Jahr 1905 ist sehr ähnlich gestaltet und verfügt sogar über drei Stockwerke mit Umkleiden.

8 Die Basilika
Für viele Brüsseler ist sie nur die »Hässliche«

Schönheit liegt bekanntlich im Auge des Betrachters. Und augenfällig ist die »Nationalbasilika des heiligen Herzens«. Der Sakralbau thront auf dem Koekelberg und ist von nahezu jedem Punkt der Stadt gut sichtbar. Aber erst wenn man sich der Kirche nähert – ob zu Fuß, mit dem Auto oder der Tram –, beginnt man zu ermessen, wie groß sie wirklich ist. Mit einer Länge von 141 Metern, einer Breite von 107 Metern und einer Höhe von 93 Metern ist sie die fünftgrößte Kirche weltweit und gleichzeitig das mit Abstand größte Art-déco-Gebäude überhaupt. Oben auf 53 Metern Höhe befindet sich eine Aussichtsplattform mit dem wohl besten Blick auf die Stadt Brüssel. Bei gutem Wetter schaut man weit nach Flandern ins Pajottenland hinein, zuweilen bis nach Mechelen.

König Leopold II. vergab 1905 anlässlich der 75-Jahr-Feier des Staates Belgien den Auftrag zum Bau einer neugotischen Kathedrale. Nicht zuletzt durch die Unterbrechung während des Ersten Weltkriegs wurde der Bau des Kolosses erst 1920 unter dem Architekten Albert van Huffel (1877–1935) fortgesetzt, nun allerdings im Art-déco-Stil. Dessen optische Schlichtheit sollte Kosten sparen. Geweiht wurde die Kirche 1951, Papst Pius XII. verlieh ihr 1952 den Titel Basilika Minor, aber wirklich fertig wurde die Nationalbasilika erst Ende 1970, 65 Jahre nach Baubeginn. Heute bietet die Kirche ständig wechselnde Kunstausstellungen und beherbergt zwei Museen: eines für moderne religiöse Kunst und ein zweites zum Wirken des Ordens der Schwarzen Schwestern. Der belgische Nationalfeiertag am 21. Juli beginnt mit einem Te Deum der königlichen Familie. Dieser Staatsakt fand lange regelmäßig in der Basilika statt, inzwischen nur noch in besonderen Fällen.

Imposant ist sie, die Nationalbasilika, stilecht, ein Symbol des Glaubens und des Staates Belgien. Eines ist sie allerdings nicht: schön. Der späte Art-déco-Stil von van Huffel erinnert doch allzu stark an faschistische Architektur.

Adresse Parvis de la Basilique/Basiliekvoorplein 1, 1083 Brüssel (Ganshoren), Tel. +32/(0)2/4211667, www.basilicakoekelberg.be | **Anfahrt** Metro 2/6, Haltestelle Simonis, dann Tram 19, Haltestelle Boessart-Basilique; Bus 87/212/213/214, Haltestelle Collège du Sacré-Cœur, Auto-Parkplatz kostenlos | **Öffnungszeiten** Sommer 9–17 Uhr, Winter 10–16 Uhr | **Tipp** Der Friedhof des Nachbarviertels Laeken ist klein, aber die Brüsseler nennen ihn trotzdem »ihren Père Lachaise«. Nahe des Eingangs steht »Der Denker« von Auguste Rodin, keine Kopie, sondern tatsächlich eine Originalstatue.

9 Die Bayern-Vertretung
Schloss »Neuwahnstein« im Europaviertel

Die bayerische Landesregierung pflegt ein besonderes Verhältnis zur europäischen Hauptstadt Brüssel: In Bayern wird gerne über »die EU-Bürokraten« geschimpft, in Brüssel dagegen verfügt kaum ein Bundesland über ein so fein gesponnenes Netz an Beziehungen. Im Zentrum dieses Geflechts steht die bayerische Landesvertretung, offiziell eine Abteilung der Staatskanzlei. Sie ist die luxuriöseste und bei Weitem herrschaftlichste aller deutschen Landesvertretungen und hat deshalb schon vor ihrer Eröffnung für reichlich Schlagzeilen gesorgt. Sie liegt im Parc Léopold, im Herzen des Europaviertels, direkt unterhalb des EU-Parlaments, im ehemaligen Institut Pasteur. Die schlossähnliche Anlage aus dem Jahr 1903 besteht aus drei Gebäuden: Institut, Villa und Marstall. Hier lebte und forschte der Nobelpreisträger Jules Bordet (1870–1961) in den Bereichen Immunologie und Bakteriologie. Das Institut bestand bis 1987. Danach verfielen die Gebäude. Grund: die schon damals allgegenwärtige Immobilienspekulation im EU-Viertel. 2001 kaufte der Freistaat Bayern das »Filetgrundstück«, wie man heute weiß, zum Spottpreis von 29,4 Millionen Euro, und renovierte die drei Gebäude aufwendig und stilsicher. Er rettete damit den Komplex vor dem endgültigen Verfall und bescherte sich eine noble Repräsentanz.

Ganz Brüssel lästerte über die Bayern, ihre Gigantomanie und ihr »Schloss Neuwahnstein«, allen voran die Vertreter der anderen Bundesländer. Heute zeigt sich: Deren Landesvertretungen waren fast alle teurer. Reinhold Bocklet, der damalige bayerische Europaminister, hatte den richtigen Riecher und als Vizepräsident im Ausschuss der Regionen auch die richtigen Kontakte. Brüssels Bürgermeister bedankte sich bei der Eröffnung jedenfalls ausdrücklich für den Erhalt des Institut Pasteur. Neben repräsentativen Räumen beherbergt die Vertretung im ehemaligen Pferdestall eine Bierstube und einen Veranstaltungssaal für 300 Personen.

Adresse Rue Wiertz 77, 1000 Brüssel, Tel. + 32/(0)2/2374811 | **Anfahrt** Metro 2/6, Haltestelle Trone/Troon; Bus 21/27, Haltestelle Parc Léopold | **Öffnungszeiten** zu Veranstaltungen oder nach Vereinbarung | **Tipp** Durchaus einen Besuch wert ist die ehemalige Pferderennbahn von Boitsfort (heute Golfclub Brüssel) mit ihren historischen Tribünen (Chaussée de la Hulpe 53).

10_Der Beginenhof
Kirche, Altenheim und Ort der Einkehr

Es ist von der hektischen City nur ein Katzensprung hinüber zum nördlich des Fischmarkts gelegenen Beginenhof, aber hier taucht man sofort ein in eine Oase der Ruhe und der Einkehr. Der kleine Platz hinter der Barockkirche Saint-Jean-Baptiste au Béguinage, der vor dem heutigen, 1824 an der Stelle des alten Beginenhofes errichteten Altenheim Hospice Pachéco angelegt wurde, ist ein Ort, an dem man nur wenige Menschen antrifft, vielleicht einige Boule-Spieler.

Anstelle des heutigen Altenheims stand hier einst der 1250 gegründete Beginenhof, Sitz der Brüsseler Beginen, dieser überwiegend im belgischen Flandern und den Niederlanden beheimateten katholisch-religiösen Frauenbewegung. In diesem »Kloster auf Zeit« – die Beginen waren angesiedelt zwischen strengen Ordensregeln und Laienleben – wohnten Ende des 13. Jahrhunderts über 1.200 Schwestern. Ihr Anwesen umfasste neben den zentralen Gebäuden und Wohnhäusern ein Krankenhaus, eine Mühle an der Senne sowie Versammlungsräume – alles rund um einen Platz mit Kirche angelegt. Eine nach außen abgeriegelte Stadt in der Stadt mit zahlreichen Privilegien. Eben deshalb waren die Beginen den Herrschenden und auch dem Klerus immer wieder ein Dorn im Auge. Mal wurden sie der Ketzerei bezichtigt, waren sie doch vergleichsweise weltoffen, dann wegen ihrer Steuerfreiheit angegriffen und nach der Reformation schließlich ausgeplündert. Im Zuge der Französischen Revolution und einer um sich greifenden antiklerikalen Politik ab 1797/98 wurde die Anlage der Brüsseler Beginen geschlossen.

Im Zentrum des Beginenhofes stand eine Kirche. Anfänglich eine Kapelle, dann eine dreischiffige gotische Basilika, die 1578 von den Calvinisten geplündert und später zerstört wurde. Auf deren Fundamenten wurde ab 1657 der flämisch-italienische Barockbau Saint-Jean-Baptiste au Béguinage nach Plänen des Brabanter Architekten Lucas Faydherbe (1617–1697) errichtet.

Adresse Place du Béguinage/Begijnhof, 1000 Brüssel | **Anfahrt** Metro 3/4, Haltestelle De Brouckère; Metro 1/5, Haltestelle Sainte-Catherine/Sint-Katelijne; Bus 88, Haltestelle Begijnhof | **Öffnungszeiten** der Platz ist immer zugänglich; Kirche täglich, außer Mo, 10–17 Uhr, So bis 20 Uhr | **Tipp** Lohnenswert: Die Porte de Hal/Hallepoort (Boulevard du Midi 150), das letzte bedeutende Wahrzeichen der mittelalterlichen, zwischen 1356 und 1383 errichteten zweiten Stadtbefestigung Brüssels. Im Innern befindet sich das Museum zur mittelalterlichen Stadtgeschichte.

11 Das Bellone
Die versteckte Barockfassade

In der Rue de Flandre 46 ist La Bellone, das Maison du Spectacle oder Het Huis van de Podiumskunsten, zu besichtigen, wenn man es denn findet. Touristen laufen in aller Regel achtlos daran vorbei und ahnen nicht, was sie verpassen. Durch eine Tür, die wenig von einem gewöhnlichen Hauseingang unterscheidet, tritt man zunächst in einen langen dunklen Flur. Erst dann öffnet sich der Blick, und die spektakuläre Fassade eines Barockhauses wird sichtbar: La Bellone.

Seit 1980 dient das Haus zahlreichen Künstlern für Proben und Workshops. Es gibt eine große Fachbibliothek für darstellende Künste, Arbeitsräume und seit 1995 den großzügigen überdachten Hof für Musik-, Tanz- und Theateraufführungen. Aber vor allem beeindruckt die großartige Kulisse. Deren Geschichte geht so:

Das Haus war ursprünglich Teil eines Klosters der Schwestern von Jericho, die heutige Fassade seine Außenmauer. Das Kloster wurde aufgegeben, und das Haus stand bis 1680 leer. In diesem Jahr musste Olympia Mancini, die Geliebte von König Ludwig XIV. von Frankreich, Nichte von Kardinal Mazarin und Mutter von Prinz Eugen (dem stolzen Ritter), aus Frankreich fliehen. Sie wurde verdächtigt, eine Giftmörderin zu sein. Die Dame, in vielen Mantel-und-Degen-Romanen eine feste Größe, suchte in den damaligen Spanischen Niederlanden Schutz. Brüssel gewährte diesen, für Belgier aus einleuchtendem Grund: Olympia war eine schöne Frau und Frankreich der Feind. Die ursprünglich strenge Renaissancefassade wurde barock verziert und erhielt ihr heutiges Aussehen. Architekt und Bildhauer war wahrscheinlich Jean Cosyn (1646–1708), der auch auf der Grand-Place zwei Fassaden entworfen hat: das Haus des Königs von Spanien und das Haus der Schubkarre. 1708 starb Olympia verarmt in Brüssel. Und das Bellone geriet in Vergessenheit. Bis das Zentrum für darstellende Künste 1980 hier einzog und 15 Jahre später den schönen überdachten Hof schuf.

Adresse Rue de Flandre / Vlaamsesteenweg 46, 1000 Brüssel, Tel. +32/(0)2/5133333, www.bellone.be | **Anfahrt** Metro 1/5, Haltestelle Sainte-Cathérine / Sint-Katelijne; Metro 3/4, Haltestelle Bourse / Beurs | **Öffnungszeiten** Mo, Di 9–17 Uhr, Mi–Fr 9–19 Uhr, Sa 12–19 Uhr | **Tipp** Die Rue de Flandre ist beliebt wegen vieler höchst unterschiedlicher Bars und Restaurants. Besonders zu empfehlen: Le Pré Salé und die Domaine de Lintillac.

12 _ Der Blindenbrunnen
Eine Hommage an Pieter Bruegel den Älteren

Die Altstadtgasse Rue au Beurre / Boterstraat beginnt direkt hinter der Börse. An ihrem Anfang steht die kleine Kirche Saint-Nicolas. Malerisch und ganz mittelalterlich ist sie vollständig mit winzigen Häusern und Geschäften umbaut, die sich an die Kirchenmauern zu drängen scheinen.

An der Ecke vor der Barockfassade des Hauses de Goude Huyve befindet sich ein Brunnen, einer der wenigen in der Stadt mit Trinkwasser. Auf dem Brunnen steht eine Plastik von Jos de Decker (1912–2000) aus Dendermonde mit dem Titel »Les Aveugles«, die Blinden. Groß sind sie nicht, die drei Männer, die, sich an einem Stock festhaltend und die Gesichter in die Luft gereckt, ihren Weg zu ertasten scheinen. Dafür sind sie eine ungewöhnliche Hommage an den großen Maler der Stadt, Pieter Bruegel den Älteren (um 1525–1569), und dessen Gemälde »Der Blindensturz«. Bruegel wiederum zitiert mit seinem Bild die Bibel, das Matthäusevangelium: »Wenn aber ein Blinder einen anderen führt, so fallen beide in die Grube.« Um das originale Gemälde zu sehen, müsste man weit fahren, genauer nach Neapel. Denn im dortigen Museo di Capodimonte hängt es. Im Zentrum Brüssels aber steht dieser schöne kleine Brunnen. Und: Es gibt in Brüssel etwa zehn solcher Hommagen an Bruegel. Kenner machen einen Stadtbummel von einem Brunnen zum anderen und versuchen, die Zitate zu erkennen.

Nur wenige Schritte weiter, auf der Place de Brouckère, finden sich zwei weitere: Die »Schaukel« (Jos de Decker) und der »Bocksprung« (Jean Roig), beides Zitate aus dem Bruegel-Gemälde »Kinderspiele«. Dann sind da noch die »Fettküche« auf dem Nouveau Marché aux Grains und der »Karneval« in der Rue Rollebeek, der »Tanz« auf der Place du Jardin aux Fleurs und der »Dudelsackspieler« auf der Rue du Grand Hospice. Ein »Affe« steht auf der Rue Haute und die »Ernte« auf dem Marché aux Fromages / Kaasmarkt, die »Galanterie« auf dem Vieux Marché aux Grain / Oude Graanmarkt und die »Klatschweiber« in der Rue des Renards / Vossenstraat.

Adresse Rue au Beurre/Boterstraat, 1000 Brüssel | **Anfahrt** Metro 3/4, Haltestelle Bourse/Beurs | **Öffnungszeiten** immer zugänglich | **Tipp** Wer mehr Bruegel will, kann ins Königliche Museum für schöne Künste gehen oder lenkt den Spaziergang am Wohnhaus der Familie Bruegel in der Rue Haute/Hoogstraat 132 vorbei.

13 Der Blumenmarkt
Sonntags treffen sich die Brüsseler am Midi

Wer sich als Tourist durch Brüssels Gassen und Straßen treiben lässt, wird die erstaunlichsten Geschäfte finden. Alte Handwerke zeigen ihre Auslagen, Korbflechter, Geigenbauer oder Tierpräparatoren, auch Taxidermisten genannt. Was man im Verhältnis zu anderen europäischen Städten dagegen selten findet, sind Blumengeschäfte. Fast könnten Fremde den Eindruck gewinnen, die Brüsseler machten sich nichts aus Pflanzen.

Weil die wenigsten Touristen die kleinen, aber liebevoll gepflegten Gärten hinter jedem Maison de Maître zu sehen bekommen, bleibt nur der Hinweis auf den Sonntagsmarkt am Gare du Midi. Der Markt rund um das ansonsten triste Bahnhofsgelände ist einer der größten der Stadt. Obst und Gemüse werden steigenweise angeboten, dazu Fleisch- und Wurstwaren, Käse, Fisch und Geflügel, das Übliche für einen guten Wochenmarkt. Die meisten Brüsseler kommen aber hierher, um Pflanzen zu kaufen. Rechts der Eisenbahnbrücke unter den Kolonnaden werden sie feilgeboten. Schnittblumen in jeder Farbe und Gattung, vor allem aber Topfpflanzen für drinnen und draußen, Büsche, Sträucher und Bäume, ob Apfel oder Quitte, Zitrone oder Palme, Buchs oder Rhododendron. Rosen natürlich und auch Samen und Sämlinge, um Pflanzen selbst zu ziehen. Menschen schleppen sechs und mehr große Plastiktüten voller Pflanzen, mühen sich durchs Gedränge der engen Gänge, um schnell zu ihren abseits geparkten Fahrzeugen zu gelangen, damit die frisch erworbenen Schätze nicht schon Blätter und Blüten hängen lassen, bevor sie den heimischen Garten erreicht haben.

»Wir Belgier werden mit einem Backstein im Bauch geboren«, sagt ein Brüsseler Sprichwort und beschreibt den starken Drang der Menschen, sich ein eigenes Haus zu kaufen oder zu bauen, und sei es noch so klein. Dabei gilt auch: kein Haus ohne Garten. Und der will gepflegt werden, auch wenn er bei vielen Stadthäusern kaum mehr als drei Handtücher misst.

Adresse Gare du Midi / Zuidstation, Esplanade d'Europe, 1000 Brüssel | **Anfahrt** Metro 2/6, Tram 3/4/32/51/81/82, Bus 27/49/50/78, Haltestelle Gare du Midi / Zuidstation | **Öffnungszeiten** So 6–13 Uhr | **Tipp** Jeden zweiten Sommer (gerade Jahre) wird auf der Grand-Place der Blumenteppich gestaltet, ein Blumenmeer aus Hunderttausenden Begonien. Immer ein Augustwochenende, immer ein neues Kunstwerk. Zu besichtigen von den Balkonen des Rathauses und des Maison du Roi.

14 Die Brauerei
Köstlichkeiten aus spontaner Gärung

Das gibt es nur in Brüssel, im Tal der Senne, und hier in Anderlecht gelingt es ganz besonders gut. Die in der Luft schwebenden Partikel wilder Hefepilze lassen das Bier spontan gären, führen nach althergebrachtem Verfahren, also ohne den weiteren Zusatz irgendwelcher Hefe, zu sogenanntem Lambic. Gebraut wird von Mitte Oktober bis Anfang April, die übrigen Monate sind in der Regel zu warm und würden auch braufremden Pilzen Raum geben. Denn der Gärungsprozess ist ein zutiefst hygienischer. Das Cantillon ist die letzte Brauerei Brüssels, die auf diese Weise nach einem Verfahren produziert, das bis zur Entdeckung der Bakterien und damit der Hefe durch Louis Pasteur 1860 von allen 100 Brüsseler Brauereien angewendet wurde. Die äußerst komplizierte Gärung des Lambic in den Eichen- und Kastanienholzfässern dauert bis zu drei Jahre. Danach werden verschiedene Jahrgänge Lambic zu einem Cuvée verschnitten. Diese Gueuze wird ähnlich sorgsam behandelt wie Champagner – ein exklusives, geschmacklich aber eigenwilliges Getränk.

Die 1900 von Paul Cantillon in Anderlecht gegründete Brauerei, die heute in vierter Generation in Familienbesitz geführt wird, braut von jeher ausschließlich Lambic-Biere. Da das aufwendige Brauverfahren von Cantillon und die begrenzten Räumlichkeiten der Brauerei eine Erhöhung der Ausstoßkapazität nicht zuließen, entschloss sich die Familie, ein Museum mit Verkostung einzurichten, um die Spezialität der spontangärigen belgischen Biere vor allem während der braufreien Monate einem breiteren Publikum näherzubringen und dadurch zusätzliche Einnahmen zu generieren. Aber auch während der Bierproduktion darf man den Brauern über die Schulter schauen, wenn sie ihre Lambic-Biere brauen oder aus verschiedenen Lambic-Jahrgängen in einem aufwendigen Verfahren die richtige Assemblage für das Gueuze suchen, die dann in Flaschen nachgärt und über Jahre gelagert werden kann. Oder wenn sie die fruchtigen Biere Kriek, Faro oder Vigneronne brauen.

Adresse Brasserie Cantillon, Rue Gheude 56, 1070 Brüssel (Anderlecht), Tel. +32/(0)2/5214928, www.cantillon.be | **Anfahrt** Metro 3/4, Haltestelle Gare du Midi/Zuidstation und Lemonnier; Tram 81, Haltestelle Place Bara/Baraplein | **Öffnungszeiten** täglich außer Mi und So 10–17 Uhr, letzter Einlass 16 Uhr (Ad-hoc-Führungen möglich) | **Tipp** An der Grand-Place 10 gibt das sehenswerte Museum der Belgischen Brauer einen umfassenden Einblick in die Brauzunft (Tel. +32/(0)2/5114987).

15 Das Brel-Haus
Für Fans und solche, die es werden wollen

Nur einen Steinwurf von der Grand-Place entfernt liegt der kleine Platz Vieille Halle aux Blés / Oud Korenhuis. Im Haus Nummer 11 wird an Jacques Brel erinnert, den wohl bekanntesten Brüsseler. »Amsterdam«, »Ne me quitte pas«, »Marieke«, »Le plat pays«, »Le Moribond« (auch bekannt als »Seasons in the Sun«) – wohl kaum jemand kennt nicht mindestens eines seiner Lieder. Bis heute werden jährlich 250.000 Tonträger seiner Chansons verkauft. Aber man kann nicht sagen, Brüssel und die Belgier wären immer stolz auf ihn gewesen. Zu sehr hat er ihre Bürgerlichkeit lächerlich gemacht, nationalistische Flamen als Nazis gebrandmarkt oder den Brüsseler Dialekt, wie manche fanden, karikiert. Brel selbst hatte immer betont, den Dialekt zu lieben, und das flache Land hatte er als »das meine« besungen.

Am 8. April 1929 wurde Jacques Romain Georges Brel in der Avenue du Diamant 138 in Brüssel-Schaerbeek geboren. Nichts deutete darauf hin, dass aus dem jüngsten Sohn eines Kartonage-Fabrikanten einmal der »Grand Jacques«, der berühmte Chansonnier, werden sollte. Der kleine Jacky war ein schlechter Schüler, blieb mehrfach sitzen und interessierte sich nur für Theater, die Pfadfindergruppe und Musik. Schließlich wurde er von der Schule genommen, um in der Fabrik seines Vaters zu arbeiten. Fand er seine Kindheit schon trist, die Aussicht auf eine kleinbürgerliche Laufbahn gab ihm den Rest. Mit 24 Jahren, Brel war bereits verheiratet und Vater zweier Töchter, brach er aus dieser Welt aus, um in Paris sein Glück als Sänger zu suchen. Das ließ auf sich warten. Erst mit »Quand on n'a que l'amour« (Wenn man nichts hat als die Liebe) gelang ihm 1956 der Durchbruch. Die folgenden zehn Jahre wurden ein Triumphzug, der Mann mit dem Pferdegesicht und den großen Händen wurde ein gefeierter Star. Am 16. Mai 1967 endete Brels Karriere als Musiker mit einem letzten Konzert in Roubaix. 1978 musste er eine Weltumseglung abbrechen und starb an Lungenkrebs.

Adresse Place de Vieille Halle aux Blés/Oud Korenhuis 11, 1000 Brüssel, Tel. +32/(0)2/5111020, www.jacquesbrel.be | **Anfahrt** Metro 1/5, Haltestelle Gare Centrale/Centraal Station; Bus 48/95, Haltestelle Parlement Bruxellois | **Öffnungszeiten** Di–Sa 12–18 Uhr; im Sommer auch So | **Tipp** Das Museum bietet eine Tour, bei der ein Audioführer Besucher mit Erzählungen und Anekdoten von und über Jacques Brel (und natürlich mit seinen Chansons) durch die Innenstadt geleitet.

16 Das Bruegel-Grab
Ruhestätte Notre-Dame de la Chapelle/Kapellekerk

Schon auf dem Platz seitlich der romanischen Kirche Notre-Dame de la Chapelle, da, wo einst der Friedhof lag, begegnet man dem berühmten flämischen Maler Pieter Bruegel dem Älteren (um 1525–1569) bei der Arbeit. Der hatte in seinen Brüsseler Jahren Meisterwerke geschaffen wie den »Turmbau zu Babel« (1563), das »Schlaraffenland« (1567) und die »Bauernhochzeit«. In einer 2015 modellierten Skulptur des 1954 unweit Brüssels geborenen Bildhauers Tom Frantzen präsentiert sich der mittelalterliche Bruegel dem Besucher überlebensgroß vor einer abstrakten, visionären Leinwand, überrascht schauend, mit Palette und Pinsel. Auf der Schulter assistiert ein kleines Äffchen.

Hier am Rande des Marollenviertels, unweit seines Wohn- und Arbeitshauses in der Hoogstraat 132, liegen der geniale Maler und seine Frau Marie Coecke, die Tochter seines Lehrmeisters, des Antwerpener Künstlers Pieter Coecke van Aelst (1502–1550), der Überlieferung nach in einer Seitenkapelle von Notre-Dame de la Chapelle begraben. In eben der Kirche, in der die beiden 1563 geheiratet hatten. Zu sehen ist eine marmorne Gedenktafel, geschaffen von Bruegels Sohn Jan, die 1667 von seinem Großenkel restauriert wurde. Der hatte das Epitaph mit einem Gemälde von Peter Paul Rubens geschmückt, von dem heute allerdings nur noch eine Kopie zu sehen ist. Das Original von »Christus überreicht Petrus die Himmelsschlüssel« wurde 1765 verkauft und hängt nun in der Berliner Gemäldegalerie.

Die aus dem 13. Jahrhundert stammende romanische Kirche, die aufgrund verschiedener Reliquien des Heiligen Kreuzes eine frühe Pilgerstätte war und nach einem Brand 1475 überwiegend im Stil der Brabanter Gotik wieder errichtet wurde, hält noch eine weitere Gedenktafel aus dem Jahr 1834 bereit. Sie weist auf den ebenfalls in Notre-Dame de la Chapelle beigesetzen Frans Anneessens hin, den zum Tode verurteilten und 1719 auf der Grand-Place hingerichteten Kämpfer für die Unabhängigkeit Brüssels.

Adresse Notre-Dame de la Chapelle, Place de la Chapelle, 1000 Brüssel | **Anfahrt** Metro 1/5, Haltestelle Gare Centrale/Centraal Station; Bus 27/48, Haltestelle Chapelle | Öffnungszeiten täglich 10–16 Uhr | **Tipp** Sehenswert sind am Fries des Südportals grimassenschneidende Gesichter und wasserspeiende Köpfe. In unmittelbarer Nachbarschaft zur Kirche, an der Gare La Chapelle, befindet sich Brüssels größter Skatepark.

17 Das Carillon
Das Glockenspiel am Mont des Arts

Jahrelang wurde das mächtige Glockenspiel von den Brüsselern gar nicht mehr wahrgenommen. Mit Getriebeschaden verwitterte es an der Außenfassade des 1964 vom belgischen Architekten Jules Ghobert (1881–1973) gebauten Palais der Dynastie (heute ein Depot der Königlichen Bibliothek). Seit 2015 ist das riesige Carillon mit seinen 24 Glocken rund um eine Uhr aber wieder funktionstüchtig und zieht die Blicke am Fuße des Kunstberges oberhalb des die Straße überspannenden Palais-Durchgangs zur Unterstadt auf sich. Staunend stehen die Menschen davor, wenn zur vollen Stunde abwechselnd eine wallonische und eine flämische Melodie ertönen.

Zwölf bewegliche, in die Wand eingelassene Figuren rund um eine vergoldet strahlende Uhr, die allesamt ein Stück Brüsseler Stadtgeschichte darstellen, schmücken die weithin sichtbare Wand. Unterhalb der jeweils eine Stunde repräsentierenden farbigen Figuren – unter anderem Gottfried von Bouillon aus dem 11. Jahrhundert, Kaiser Karl V., der Maler Peter Paul Rubens, der 1568 auf der Grand-Place hingerichtete und enthauptete Graf Egmont mit seinem Kopf unter dem Arm und ein Soldat des Ersten Weltkriegs – hängen oberhalb des Torbogens elf sichtbare Glocken. Sie stammen aus der legendären französischen Glockengießerei Paccard und repräsentieren die belgischen Provinzen, die Kunst und die Wissenschaft. Hinter den Nischen der in die Fassade eingelassenen Figuren verbirgt sich jeweils eine weitere Glocke.

Die spektakulärste Glocke aber thront rechter Hand über dem Carillon ein wenig vorgesetzt auf dem Dachfirst des Gebäudes. Eine 2,80 Meter große Figur in der Mode des Revolutionsjahres 1830, eine Skulptur des 1907 in Uccle geborenen Künstlers Henri Albada (1907–2000), schlägt zur vollen Stunde, weithin sichtbar, mit einem Hammer die größte der Glocken, die 1.750 Kilogramm schwere Tenor-Glocke. Der sogenannte Jacquemart repräsentiert den Bürger von Brüssel.

Adresse Mont des Arts/Kunstberg, 1000 Brüssel | **Anfahrt** Metro 1/5, Haltestelle Gare Centrale/Centraal Station | **Öffnungszeiten** immer zugänglich | **Tipp** Ein weiteres Carillon befindet sich auf dem Dach des Parlaments in der Rue de Louvain/Leuvenseweg 13.

18__Das Chalet Robinson
Eine Insel inmitten der Stadt

Von Süden kommend ragt der große Laubwald Forêt de Soignes/Zoniënwoud wie ein Keil bis in die Brüsseler Innenstadt hinein, mit seiner Spitze, dem Bois de la Cambre/Terkamerenbos, am südlichen Ende des großen Boulevard Louise. Entworfen hat den Landschaftspark im englischen Stil 1861 der heute weitgehend unbekannte belgisch-deutsche Gartenarchitekt Friedrich Eduard Keilig (1827–1895), der sehr daran beteiligt war, Brüssel zu einer grünen Stadt zu entwickeln. Er baute auch die Parks von Laeken, Saint-Gilles und Forest, die Pferderennbahn in Boitsfort sowie die Etangs d'Ixelles. Aber der Forêt des Soignes und vor allem der Bois de la Cambre sind die Brüsseler Ausflugsziele schlechthin. Am Wochenende sind die Straßen im Wald größtenteils für den Autoverkehr gesperrt und bleiben Spaziergängern, Radfahrern, Reitern und Skatern vorbehalten.

Kein Waldspaziergang ohne Ausflugslokal – das war auch schon Ende des 19. Jahrhunderts die Devise, und so wurde 1877 das erste Chalet Robinson gebaut: ein zweistöckiges Holzhaus im Stil eines Schweizer Chalets, gelegen auf einer Insel in einem künstlich angelegten See mitten im Wald. Das ursprüngliche Gebäude ist 1991 abgebrannt. 2009 wurde es originalgetreu wieder aufgebaut, erneut als Restaurant mit großem Biergarten. Und weil es eben auf einer kleinen Insel gelegen ist, kann man es ausschließlich mit zwei Elektrofähren erreichen.

Das Chalet Robinson ist ein beliebter, zentrumsnaher und doch ruhiger Ausflugsort, ob zum Abschluss eines Spaziergangs oder um einen Sommerabend ausklingen zu lassen. Man kann essen und trinken, in der Sonne sitzen und den Ausblick genießen oder eines der vielen Boote mieten und um die Insel rudern. So rustikal das Haus von außen wirkt, so modern und sachlich ist es innen; rechts vom Eingang werden die ankommenden Gäste von einem Doppelporträt der jungen Jackie Kennedy begrüßt, im oberen Stock gibt es einen Ball- und Veranstaltungssaal.

Adresse Sentier de l'Embarcadère / Steigerweg 1, 1000 Brüssel, Tel. +32/(0)2/3729292 | **Anfahrt** Tram 25/94, Bus 41, Haltestelle Brésil | **Öffnungszeiten** täglich 12–23 Uhr | **Tipp** Die Wiese nördlich des Sees in der Nähe von Eisbahn und Jeux d'Hiver heißt La Pelouse des Anglais (»Der Engländer-Rasen«). Eine Bronzeplatte erinnert an ein Cricket-Match, das englische Soldaten hier am 17. Juni 1815, am Vorabend der Schlacht von Waterloo, ausgetragen haben.

19 __ Das Chez Vincent

Durch die Küche in Brels Lieblingsrestaurant

Die beiden Flügel der Königlichen Galerien werden getrennt durch die Rue des Bouchers / Beenhouwersstraat. Und die Schlachterstraße macht ihrem Namen alle Ehre, ist sie doch die »Fressgasse« von Brüssel. Ein Lokal reiht sich ans andere, auf beiden Seiten der Straße und auch in den Seitengassen. Berühmte Restaurants, wie das Aux Armes de Bruxelles, viele zu Recht unbekannte und auch gute wie das l'Ogenblik oder das Scheltema. Essen ist und bleibt nun einmal Geschmackssache.

Das Chez Vincent in der Rue des Dominicains, laut Beschriftung der Fenster eine Rotisserie, also eine schlichte Grillwirtschaft, wäre mit dem Begriff »Geschmackssache« in keiner Weise zutreffend beschrieben. Es ist unvergleichlich, fand schon Jaques Brel. Man betritt das Restaurant durch die Küche – einen anderen Eingang gibt es nicht – und steht damit unmittelbar im Zentrum des Geschehens. Geschäftiges Treiben, Köche, Kellner, viel Kupfer und Messing, es dampft und brodelt, und sofort wird sichtbar, dass Kochen die Mischung aus Kunst und harter Arbeit ist. Es folgen zwei Säle – der kleinere ist mit dunklem Holz getäfelt, intim und auch leiser, der größere vermittelt ein wenig Brauhausatmosphäre, aber bietet eine beispiellose Optik. Der Saal ist komplett mit Fayencen gekachelt, angefertigt zur Gründung des Restaurants 1905. Die Stirnwand zeigt auf 20 Quadratmetern das Wahrzeichen des Restaurants, ein Fischerboot im Sturm, die linke Seite ziert ein Reiter am Strand von Oostende, der Muscheln aus dem Sand kämmt, die rechte eine flämische Landschaftsszene.

Ob Muscheln, Fisch oder Fleisch, am Tisch flambiert oder gebraten, die Gerichte sind von hoher Qualität, die Preise – für Brüsseler Verhältnisse – nicht übertrieben, der Service ist gut. Und im Ohr hat man ganz unwillkürlich die Melodie vom »Vlakke Land« oder »Marieke«, und man kann sich lebhaft vorstellen, wie Brel an seinem Stammtisch in der Ecke einen Rotwein oder ein Glas Orval getrunken hat.

Adresse Rue des Dominicains/Dominikanenstraat 8–10, 1000 Brüssel, Tel. +32/(0)2/5112607, www.restaurantvincent.be | **Anfahrt** Metro 3/5, Haltestelle Gare Centrale/Centraal Station | **Öffnungszeiten** täglich, außer Di, 12–15 und 18.30–23 Uhr | **Tipp** Luxus pur vermittelt dagegen das Belga Queen in der Rue du Fossé aux Loups/Wolvengracht 32: ein nobles Restaurant und eine Austernbar in der prächtig renovierten ehemaligen Schalterhalle der Bank Crédit du Nord aus dem 18. Jahrhundert.

20 _ Die Cité Hellemans
Sozialer Wohnungsbau im Bauhausstil

Belgien war zu Beginn des 19. Jahrhunderts Vorreiter der ersten industriellen Revolution, verfügte nach England über die zweitgrößte Industrie in Europa. Auf der Suche nach Arbeit zogen Zigtausende Menschen in die Städte. Das noch immer mittelalterlich geprägte Brüssel mit seinen engen, verwinkelten Gassen ohne jede erkennbare Struktur drohte aus allen Nähten zu platzen. Innerstädtische Slums entstanden, der finsterste von allen: die Marollen. Wer hier lebte, hatte nichts zu verlieren. In das Viertel traute sich weder Polizei noch Feuerwehr. Zeitgleich zum Bau des Justizpalasts oberhalb der Marollen sprengte die Stadtverwaltung mit der Rue Blaes eine schnurgerade, über einen Kilometer lange Achse mitten durch das Viertel, vor allem um die Menschen hier besser kontrollieren zu können. Am Elend änderte sich nichts.

Ab 1905 plante der Architekt Emile Hellemans (1853–1926) genau hier ein revolutionäres Projekt: Nicht mehr die Vertreibung der Armen aus ihrer Umgebung war Programm, sondern der Abriss des Slums, verbunden mit dem Neubau von Mietwohnungen. Auf Initiative der sozialistischen Bewegung entstand eine der ersten Gesellschaften für sozialen Wohnungsbau, und die errichtete von 1912 bis 1915 die Cité Hellemans: sieben parallele Hausstränge aus rotem Ziegelstein mit farbigen Schmuckbordüren im Herzen der Stadt. Getrennt wurden die Häuserriegel durch Straßen nur für Fußgänger, miteinander verbunden durch Bogengänge. Insgesamt entstanden 272 Wohnungen, jede mit fließend Wasser, Badezimmer, eigenem Balkon und Keller ausgestattet. Ein revolutionärer Wohnstandard, nicht nur für die Marollen des frühen 20. Jahrhunderts. Mitte der 1990er Jahre wurde der Komplex vollständig renoviert. Heute ist die Cité Hellemans ein verstecktes Kleinod, beliebt und begehrt bei seinen Bewohnern, aber weiterhin eher von sozial schwachen Menschen bewohnt, direkt am tägliche Flohmarkt auf der Place du Jeu de Balle.

Adresse Rue Blaes/Ecke Rue de la Rasière, 1000 Brüssel | **Anfahrt** Metro 2/6, Haltestelle Porte de Hal/Hallepoort; Bus 27/48 Haltestelle Hôpital Saint-Pierre (Rue Haute) oder Jeu de Balle (Rue Blaes) | **Öffnungszeiten** immer zugänglich | **Tipp** In der Rue Haute/Hoogstraat 241 betrieben die Eltern der Jazzikone Jean »Toots« Thielemans die Kneipe »'t Trapken af«. Hier entdeckte »Klein Toots« seine Begeisterung für den Jazz und die Mundharmonika.

21 Die Comicwand
Schräge Kunst im öffentlichen Raum

Sind Comics Schund oder Kunst? In Belgien ist das keine ernst gemeinte Frage. Comics oder bandes dessinées sind selbstverständlich die »neunte Kunst«. Bereits seit Ende der 1960er Jahre bietet die Fachhochschule für Kunst zahlreiche Kurse für Zeichner an; die ersten Lehrer waren Hergé und Eddy Paape (die Schöpfer von Tim und Struppi und von Luc Orient). Seit 1976 ist Comiczeichnen ein offizielles Studienfach. Brüssel betrachtet sich selbst als die Hauptstadt des Comics. Und das lässt sich besichtigen. In der Innenstadt stößt man auf über 50 sogenannte murals, Hauswände, die zu großen Teilen oder auch komplett mit den Figuren der berühmten belgischen Zeichner bemalt sind. Und es kommen ständig neue hinzu, von der Stadt und den Künstlern autorisiert.

Die Brüsseler Figur schlechthin ist Tintin, der junge Reporter und Abenteurer, die Comics sind in Deutschland bekannt unter dem Titel »Tim und Struppi«. In der Rue de l'Étuve steigen Tintin, sein Hund Milou und Kapitän Haddock eine Feuerleiter hinab, eine Szene aus »Der Fall Bienlein«. Brüssel ist die Heimat des Reporters, und so tauchen auch immer wieder Straßen, Gebäude oder Parks der Stadt in den Bänden auf. Seit 2007 reitet Tim im Bahnhof Midi in Schwarz-Weiß und wandfüllend auf einem Zug, eine Szene aus dem Band »Tim in Amerika«. Ein weiteres Bild von Hergé – bürgerlich Georges Remi (1907–1983), dreht man die Initialen um, ergibt sich auf Französisch ausgesprochen Hergé – mit dem Titel »Der Besuch des heiligen Nikolaus in Brüssel« hängt im Bahnhof Luxembourg.

Angeboten werden Führungen per Fahrrad oder zu Fuß zu den Wandbildern der weltberühmten, in Brüssel erfundenen Figuren, von Lucky Luke über die Schlümpfe bis zu Gaston Lagaffe. Natürlich fehlt auch ein mural von Asterix und Obelix nicht. Und man kann ebenfalls auf den Spuren von Tim und Struppi wandeln. Dazu beherrscht ein jährliches Comicfestival jeden Herbst die Stadt.

Adresse Rue de l'Étuve / Stoofstraat 37, 1000 Brüssel | **Anfahrt** Bus 48/95, Haltestelle Parlement Bruxellois | **Öffnungszeiten** immer zugänglich | **Tipp** In der Universitätsstadt Louvain-la-Neuve, gut 20 Kilometer östlich von Brüssel, ist das moderne Musée Hergé ganz der Arbeit des Zeichners gewidmet.

22 Das Comme chez Soi
Der Platz in der Küche

Familienrestaurants, die auf eine 90-jährige Geschichte zurückblicken, gibt es sicher viele; solche, die zudem seit über 60 Jahren ununterbrochen mit Michelin-Sternen und Gault-Millau-Löffeln ausgezeichnet werden, eher selten. Im Comme chez Soi dürfen die Gäste obendrein, der Name ist Programm, in der Küche essen, wie zu Hause eben.

Am Eingang empfängt Chefin Laurence Rigolet ihre Gäste und geleitet sie zu ihrem Tisch. Der nicht sehr große Restaurantraum rechts vom Entree ist schon für sich genommen eine Attraktion: reiner Jugendstil von der beleuchteten Glasmosaikdecke bis zu den Holzabtrennungen zwischen den Tischen. Noch spannender wird es, geht man weiter geradeaus in die Küche, denn man kann auch hier, direkt neben den Küchentresen aus Edelstahl, an einem der weiß gedeckten Holztische für gut 20 Personen Platz nehmen und essen. Und das steigert den Genuss. Ein Dutzend Köche rühren, braten, kochen und arrangieren die Speisen unter der Aufsicht des Chefs Lionel Rigolet. Das geht erstaunlich leise vor sich, keine lautstarken Anweisungen, eher hört man, wie eine Creme geschlagen oder eine Sauce aufgeschäumt wird. Alles vermittelt den Eindruck einer fein austarierten Maschinerie, bei der ein Rädchen perfekt ins andere greift und ein Handgriff genau zum nächsten passt. Dazu ein hauchzarter Geruch, sehr dezent, nach den Speisen, die wenig später vor dem Gast stehen. Diesem Küchenballett zuzuschauen macht Freude, fast so viel wie das nicht gerade preiswerte Essen selbst.

Der Service in der Küche hat die gleiche Qualität wie im eigentlichen Restaurant. Er ist aufmerksam, aber nicht übertrieben anheischig. Keine Frage, der Besuch in einem solchen Restaurant ist ein durchaus teures Vergnügen, zumal auch die Weinkarte des Hauses Außergewöhnliches leistet. Über 26.000 Flaschen lagern im auf Nachfrage zu besichtigenden Keller unter dem Haus, darunter einige sehr besondere Schätze.

Adresse Place Rouppe 23, 1000 Brüssel, Tel. +32/(0)2/5122912, www.commechezsoi.be | **Anfahrt** Tram 3/4/32, Bus 46/86, Haltestelle Anneessens | **Öffnungszeiten** Di–Sa 19–21 Uhr, zusätzlich Do–Sa 12–13.30 Uhr (jeweils erster und letzter Einlass) | **Tipp** Booze 'n' Blues heißt die winzige Eckkneipe in der Rue de la Grande Île/Groot-Eilandstraat, Ecke Rue des Riches Claires. Der Name ist auch hier Programm: Es gibt Schnaps und Blues.

23 Die Dinos
Europas größte Saurierparade

Ganz viel Hightech, modernste Präsentationsformen mit Multimediainstallationen und interaktiven Spielen, das alles in riesigen Hallen, anmutend wie eine Reise in die Zukunft – und dennoch ist es der Blick in die tiefste Vergangenheit allen Lebens und in die Erdgeschichte. In Trias, Jura und Kreidezeit, in die Baupläne der Lebewesen der Urzeit, real und computeranimiert, ein Hauch von Disneyworld. Besonders spektakulär: die Dinosauriergalerie, seit 2007 nach einer aufwendigen Restaurierung auf einer Fläche von über 4.000 Quadratmetern in einer neuen und spektakulären Schau. Über 30 komplette Skelette und Fragmente kleiner und großer Dinosaurier sind zu sehen, einmalig in Europa. Die Welt von Diplodocus, Tyrannosaurus rex und Olorotitan.

In jeder Beziehung herausragend: die Riesenskelette der fünf Meter hohen, in Südbelgien gefundenen Iguanodons in einem überdimensionalen gläsernen Käfig, so präsent, als würden sich die Jahrmillionen alten Lebewesen, die bis zu 4.000 Kilogramm gewogen haben sollen, gleich auf einen zubewegen. Neun dieser knapp acht Meter langen gigantischen Pflanzenfresser aus der frühen Kreidezeit, die 1878 in der Steinkohlengrube von Bernissart gefunden wurden, besitzt das Institut. Dieser Fund galt seinerzeit als Sensation, denn von diesen Tieren gab es bis dahin nur vereinzelte Fußabdrücke in fernen Regionen wie England oder Spitzbergen. Zur Saurierparade gesellen sich riesige Walskelette, fossile Echsen und mächtige Schildkröten. Und es gibt eine Reise durch die Entwicklung der Menschheit.

Die Dinos sind die spektakulärste Abteilung des 1905 gegründeten Königlichen Belgischen Instituts für Naturwissenschaften. Mit seinen rund 37 Millionen Exponaten, davon drei Millionen Fossilien, von denen natürlich nur ein kleiner Teil gezeigt werden kann, handelt es sich, nach Paris und London, um die drittgrößte naturwissenschaftliche Sammlung der Welt.

Adresse Museum für Naturwissenschaften, Rue Vautier 29, 1000 Brüssel, Tel. +32/(0)2/6274211, www.naturalsciences.be | **Anfahrt** Metro 2/6, Haltestelle Trône/Troon; Metro 1/5, Haltestelle Maelbeek/Maalbeek; Bus 34/80, Haltestelle Museum | **Öffnungszeiten** Di–Fr 9.30–17 Uhr, Sa, So 10–18 Uhr | **Tipp** Der Besuch des großen Museumsshops ist auch ohne Eintrittskarte möglich.

24 Das Dreigestirn
Manneken, Jeanneke und Zinneke Pis

Die Brüsseler haben bisweilen einen recht derben Humor. Dieser Eindruck drängt sich auf, betrachtet man die Dreifaltigkeit der Brüsseler Statuen, die ihre natürlichsten Bedürfnisse ganz öffentlich befriedigen. Die jüngste, Zinneke Pis, zeigt einen Straßenköter, der sein Bein hebt, eine Promenadenmischung, im Brüsseler Platt ein Zinneke. Sie stammt vom belgischen Bildhauer Tom Frantzen und wurde 1998 aufgestellt. Das nackte Mädchen namens Jeanneke hockt seit 1987 pinkelnd in einer Mauernische im Impasse de la Fidélité. Die 55,5 Zentimeter große Statue des »Petit Julien«, auch ketje genannt und weltberühmt als Manneken Pis, pinkelt dagegen schon seit 400 Jahren (Trink-)Wasser in einen Brunnen. Das Original der Statue von Jérome Duquesnoy dem Älteren (1570–1641), dem berühmtesten Brüsseler Bildhauer seiner Zeit, stammt aus dem Jahr 1619.

Es gibt zahlreiche Geschichten über den Sinn des kleinen Pissers. Die beliebteste erzählt, er habe mit einem gezielten Wasserstrahl eine Bombe auf der benachbarten Grand-Place gelöscht. Das dürfte schon deshalb nicht stimmen, weil die erste urkundliche Erwähnung einer pinkelnden Jungenstatue bereits aus dem Jahr 1451 stammt. Ketje, so das Brabanter Wort für »kleiner Junge«, ist seit 600 Jahren eine Brüsseler Symbolfigur und eine Touristenattraktion. Millionen Menschen aus aller Welt haben ihn besucht, gestaunt und gelacht, und nicht wenige waren auch enttäuscht, weil sie eine deutlich größere Figur erwartet hatten.

Der Name Ketje liefert auch die vielleicht beste Erklärung dafür, was es mit der Statue auf sich hat. Ketje, der Bengel, ist frech, einer, der keine Angst hat, sondern sich was traut. Öffentliches Pinkeln als Symbol eines aufrührerischen Selbstbewusstseins. In diese Tradition passt auch Zinneke Pis. Und als Zinneke, freche, eigenwillige, aber intelligente Promenadenmischungen, bezeichnen sich die Brüsseler gerne selbst.

Adresse Zinneke Pis: Rue des Chartreux/Kartuizersstraat 35, 1000 Brüssel; Jeanneke Pis: Impasse de la Fidélité/Getrouwheidsgang 10–12, 1000 Brüssel; Manneken Pis: Rue de l'Étuve/Stoofstraat, 1000 Brüssel | **Anfahrt** Metro 3/4, Haltestelle Beurs/Bourse | **Öffnungszeiten** immer zugänglich | **Tipp** In jedem geraden Jahr findet im Frühling im Viertel rund um die Börse und die Place Saint-Géry die Zinneke-Parade statt, ein knallbuntes Straßenfest unterschiedlicher Theater- und Tanzgruppen, das die Vielfalt der Stadt feiert.

25 Das Erasmus-Haus
Dürer, Holbein und Bosch im mittelalterlichen Gehöft

Anderlecht, Industriestadt mit 100.000 Einwohnern, ist heute ein Brüsseler Stadtteil, auch wenn Anderlechter meist darauf bestehen, keine Brüsseler zu sein. Dabei liegt Anderlecht höchstens fünf Kilometer von der Grand-Place entfernt – im Mittelalter ein einstündiger Fußmarsch von der Stadt aufs Land.

1521 kam Erasmus von Rotterdam aus der Universitätsstadt Leuven hierher, einerseits, um sein dauerndes Fieber zu kurieren, andererseits, da er wohl nicht zu Unrecht nach Martin Luthers Exkommunikation Ärger auch für sich befürchtete. Als der große Humanist hier für ein knappes halbes Jahr Unterschlupf suchte, war Anderlecht ein Dorf mit kaum mehr als 300 Einwohnern. Aber da es am Jakobsweg lag, wuchs das Dorf schnell, hatte sogar eine eigene Beguinage, wenn auch die kleinste im Land. Das gotische Backsteinhaus und der Hof, in dem Erasmus den Sommer 1521 verbrachte, grenzen unmittelbar an diese Beguinage. Beide Gebäude zusammen bilden eines der ältesten Museen in Belgien. Zuletzt wurde es 2009 mit dem Publikumspreis Museum des Jahres ausgezeichnet. Zu besichtigen sind das Rhetorikzimmer, eingerichtet im Stil der Zeit, das Renaissancezimmer, mit Gemälden von Hieronymus Bosch und Pieter Huys, das Studierzimmer mit berühmten Erasmus-Porträts von Dürer und Holbein und schließlich eine Bibliothek im Freskenraum des ersten Stocks mit seltenen Ausgaben von Werken des Vielschreibers Erasmus. Der humanistische Kirchenkritiker, Pazifist und überzeugte Europäer schrieb hier an seinem »Lob der Torheit«: auf Latein, so wie er fast immer auf Latein, seltener auf Griechisch, schrieb.

Zum Museum gehören ein Medizingarten mit über 100 Heilpflanzen aus der Erasmuszeit und ein »philosophischer Garten« mit moderner Kunst, basierend auf Erasmus' Traktaten: »Du musst als König geboren werden oder als Narr« lautet eines. Ein anderes: »Ich bin ein Weltbürger, meine Heimat ist überall, oder ich bin überall ein Fremder.«

Adresse Rue du Chapitre / Kapittelstraat 31, 1070 Brüssel (Anderlecht), Tel. +32/(0)2/5211383, www.erasmushouse.museum | **Anfahrt** Metro 5, Tram 81, Haltestelle Saint-Guidon/Sint-Guido; Bus 49, Haltestelle Maison d'Erasme | **Öffnungszeiten** täglich 10–18 Uhr (außer Mo), Beguinage 10–12 und 14–17 Uhr | **Tipp** Der Espace Maurice Carême, benannt nach dem wallonischen Lyriker, liegt zwischen Erasmus-Haus und Beguinage und führt Wissenschafts- und Kulturkongresse durch. Im Hof: eine Büste des kubanischen Revolutionärs José Martí.

26 Der Fahrstuhl
Der gläserne Aufzug zwischen Ober- und Unterstadt

Die beiden parallelen Fahrstuhlkabinen überwinden die 30 Meter Höhenunterschied zwischen Ober- und Unterstadt in wenigen Sekunden. Dementsprechend sind sie ständig in Bewegung, transportieren Einheimische wie Touristen, Radfahrer, Flaneure und Schulkinder, eben jeden, der sich den anstrengenden Auf- oder Abstieg ersparen möchte. Die Nutzung ist kostenlos. Zudem sind die Kabinen aus Glas, bieten also – wo es nicht beklebt oder verkratzt ist – einen schönen Blick. Überhaupt wird die obere Plattform gern und häufig als Aussichtspunkt genutzt, ebenso wie die steinerne Balustrade der Place Poelaert, von der man zum Aufzug gelangt.

2001 wurde der Ascenseur des Marolles im Auftrag des Ministeriums für Kommunikation und Infrastruktur gebaut: ein guter Platz, um einen Brüssel-Besuch zu starten oder bei Sonnenuntergang ausklingen zu lassen.

Der Ausblick ist das eine, aber der Aufzug macht auch Brüssels Brüche sinnfällig: Oben befindet sich die französischsprachige, elegante Oberstadt, unten die flämische Unterstadt in ihrer härtesten Ausprägung, den Marollen. Im Rücken liegt der riesige Justizpalast von Joseph Poelaert (Namensgeber des Platzes und Grund, warum »schieve architek« in Brüssel bis heute als Schimpfwort gilt) und vorne die Sichtachse entlang der Kante zwischen oben und unten, die schnurgerade Rue de la Régence bis zum Königsplatz. Nach Westen überblickt man die ganze Altstadt, vom Midi über die Kapellekerk bis zur Spitze des Rathausturms auf der Grand-Place. Man schaut zum Koekelberg mit der Nationalbasilika und bis nach Laeken zum Atomium.

Früher markierte die Kante zwischen Ober- und Unterstadt die Sprachgrenze zwischen Französisch und Flämisch und den Wechsel vom königlichen zum bürgerlichen Brüssel. Die Liebenswürdigkeit der Brüsseler täuscht Gäste häufig darüber hinweg, dass die Sprachgrenze weiter besteht und dass die Fremdheit zwischen Flamen und Wallonen, politisch geschürt, eher wächst.

Adresse Place Poelaert, 1000 Brüssel | **Anfahrt** Metro 2/6, Haltestelle Louise/Louiza; Tram 92/93, Haltestelle Poelaert | **Öffnungszeiten** immer zugänglich | **Tipp** Wer unten in den Marollen ankommt, folgt der Rue Haute nach rechts zu teuren Antiquitätengeschäften oder aber nach links ins Museum Art & Marges (Nummer 312–314). Hier wird Kunst von Autodidakten und Außenseitern ausgestellt.

27 _ Der Fischmarkt
Viel Fisch und wenig Wasser

Fragt man Brüsseler nach dem Quai aux Briques oder dem Quai au Bois à Brûler, kann es passieren, dass man ein verlegenes Schulterzucken erntet. Kaum jemand kennt die offiziellen Namen der beiden ehemaligen Hafenkais, die den Platz flankieren, den jeder Fischmarkt oder Sainte-Cathérine nennt. Beide Namen sind irreführend: Sainte-Cathérine heißt zwar die Metrostation, der Platz Sainte-Cathérine liegt aber rechter Hand vor dem Haupteingang der Kirche. Und: Den Fischmarkt gibt es schon seit über 100 Jahren nicht mehr. Aber genau hier lag im Mittelalter der Hafen von Brüssel. Später ragte der Kanal Brüssel–Charleroi an dieser Stelle tief in die Stadt hinein. Bis dicht an die Kirchenmauer wurden Baumaterialien wie Steine *(briques)* und Brennholz *(bois à brûler)* angelandet, bis das Hafenbecken in zwei Etappen, 1878 und 1911, zugeschüttet wurde.

Berühmt ist der Platz für seine Fischrestaurants; rundherum gibt es sicher drei Dutzend. Für jeden Geschmack und jeden Geldbeutel etwas: ob Hummer bei François oder im Rugbyman, Austern im Les Crustacés oder in der L'Huîtrière, belgisch-deftige Meeresküche Bij den Boer oder Muscheln und Meeresschnecken *(bulots)* im Mer du Nord. In Wahrheit hat jeder Einwohner von Brüssel seinen ganz eigenen Geheimtipp, was am Fischmarkt wo am besten schmeckt. Einigkeit herrscht nur in einer Frage: Egal, ob Fischsuppe, Garnelenkroketten oder Tomate-Crevette, der Fischmarkt macht Appetit und gute Laune. Tendenziell steigen die Preise, je näher man der Kirche kommt. Aber das Mittagsmenü kostet – wie fast überall in Brüssel – nur einen Bruchteil dessen, was die Abendkarte ausweist.

Seit 1980 erinnern zwei Wasserbassins an die Zeit, als hier Brüssels Hafen lag. Aus der Vogelperspektive ist weiterhin sichtbar, dass zwischen dem Kanal und diesen Becken kaum 400 Meter liegen. Und in Richtung Yser/IJzer heißen nicht nur alle Straßen Quai/Kai, auch die Großmarkthallen erinnern daran, dass das Viertel der Bauch der Stadt ist.

Adresse Marché aux Poissons / Vismarkt, 1000 Brüssel | **Anfahrt** Metro 1/5, Haltestelle Sainte-Cathérine / Sint-Katelijne | **Öffnungszeiten** immer geöffnet | **Tipp** Lohnenswert: der jährliche Weihnachtsmarkt. Zwei alte Karussells, die Manèges d'Andrea, bringen Kinder und Erwachsene zum Strahlen; ein Riesenrad bietet den schönsten Blick über die Stadt, dazu gibt es eine Schlittschuhbahn und jede Menge lukullischer Köstlichkeiten.

28 Der Flieger
Der Luftangriff auf die Gestapo-Zentrale

Es ist der frühe Mittwochvormittag des 20. Januar 1943. Ein Jagdbombergeschwader der englischen Royal Air Force befindet sich auf dem Rückflug von einem Angriff auf feindliche deutsche Stellungen nahe Gent. An der Peripherie Brüssels schert plötzlich eine Hawker Typhoon aus der Formation aus, fliegt Richtung Innenstadt. Ohne Befehl, ganz auf eigene Faust. Tief über die Pferderennbahn von Boitsfort und dann entlang der breiten Avenue Franklin Roosevelt in die Avenue Louise. Das Ziel: die berüchtigte Gestapo-Zentrale in der Louise 453, ein zwölfstöckiges, von den Nazis beschlagnahmtes Hochhaus. Hier regiert seit Monaten das Terrorregime der Deutschen, hier werden willkürlich Verhaftete in den Kellerräumen gefoltert. Auch der Vater des jungen Piloten wurde von den Nazis ermordet. Der Pilot greift das Gebäude im Sturzflug an, reißt die Maschine unmittelbar vor der Fassade hoch. Aus seinen Bordkanonen feuert er in die Etagen, überzieht den Bau mit Granaten und Geschossen. Zahlreiche SS-Mitglieder werden getötet oder verwundet. Haus 453 steht in Flammen. Viele Brüsseler Bürger laufen zusammen, jubeln über diesen unverhofften Angriff auf das Hauptquartier der verhassten Gestapo. Währenddessen befindet sich der Pilot auf dem Rückflug zu seiner Einheit in England.

Der Pilot: der 31-jährige, in Brüssel geborene und einer belgischen Aristokratenfamilie entstammende Jean Michel de Selys Longchamps. Der junge Baron gehört im britischen Exil zum No. 609 Squadron der Royal Air Force. Sieben Monate nach seinem heldenhaften Einsatz in der Louise stürzt er nach einem Luftkampf über Oostende mit seiner getroffenen Maschine bei der Landung ab.

Am beschossenen Gebäude, das heute noch steht, erinnert eine Gedenktafel an die Heldentat des jungen Leutnants. Auf dem Mittelstreifen der Louise steht vor Nummer 453 seit 1993 eine vergoldete Büste des Piloten, gestaltet vom belgischen Bildhauer Paul Boedts.

Adresse Avenue Louise 453, 1000 Brüssel | **Anfahrt** Tram 93/94, Haltestelle Abbaye und Legrand | **Öffnungszeiten** immer zugänglich | **Tipp** Es lohnt, einen Blick auf die 1201 gegründete Abbaye de la Cambre und die anmutig angelegten Gärten des ehemaligen Zisterzienserklosters zu werfen.

29 Der Flötist
Peter Pan und der Parc d'Egmont

Der kürzeste Weg vom Sablon auf die elegante Einkaufsmeile an der Place Louise führt durch den Parc d'Egmont. Das wissen zum Glück nicht viele Menschen, und so bleibt der schöne Park mit seinen circa 1,5 Hektar ein öffentliches, aber diskretes Geheimnis. Von allen vier Seiten umbaut, ist er eine Oase der Ruhe, und das direkt neben dem mondänen, aber auch lauten Einkaufszentrum der Stadt.

In der Rue aux Laines / Wolstraat beginnt die Passage Marguerite Yourcenar. Vorbei an Reliefs mit Zitaten aus ihren Romanen – eine Erinnerung an die in Deutschland wenig bekannte Schriftstellerin, die 1980 als erste Frau in die Académie française aufgenommen wurde (und hier ganz in der Nähe geboren wurde) – führt der Weg über ein paar Stufen in den Park. Gleich rechts im Schatten einer Eiche bläst Peter Pan seine Flöte. Selten, dass die Bronzestatue nicht von Kindern umlagert ist. Es gibt auch viel zu entdecken: Hasen, ein Eichhörnchen, Mäuse und die wilden Kinder. Die Statue ist eine lizensierte Kopie des Originals aus dem Londoner Kensington Park, ein Geschenk als Zeichen der Freundschaft zwischen den englischen und belgischen Kindern nach dem Ersten Weltkrieg. Das Original hatte der englische Bildhauer George Frampton (1860 – 1928) 1912 geschaffen.

Im Norden wird der Park vom Egmont- oder Arenberg-Palast begrenzt, der am schönsten vom Park aus zu sehen ist, auch wenn der Name des Hofs, »Wildschweinrasen«, anderes vermuten lässt. Die ersten Gebäude wurden 1532 von Françoise van Luxemburg, Witwe des Grafen Egmont, in Auftrag gegeben. Der heutige Palast wurde ab 1752 gebaut. Nach mehreren Zerstörungen gehört er nun dem belgischen Staat und dient zum Empfang von Staatsgästen und für internationale Konferenzen.

In der südöstlichen Ecke des Parks steht ein achteckiges gotisches Gebäude, das der Volksmund »Groote Pollepel«, großer Kochlöffel, nennt. Es handelt sich um einen Brunnenschacht aus dem 15. Jahrhundert.

Adresse Parc d'Egmont, Rue du Grand Cerf oder Boulevard de Waterloo 31 (Passage de Milan) und 33 (neben Hilton), Rue aux Laines/Wolstraat (Passage Marguerite Yourcenar), 1000 Brüssel | **Anfahrt** Metro 2/6, Tram 92/93, Haltestelle Louise/Louiza oder Petit Sablon | **Öffnungszeiten** 8–20 Uhr | **Tipp** Die ehemalige Orangerie des Anwesens heißt heute La Fabrique en Ville und ist ein Restaurant mit schöner Terrasse.

30 Die Flügelaltäre

Die Brabanter Bildhauerschule in Vollendung

Raum 57 im ersten Obergeschoss des prachtvollen, 1922 eröffneten Jubelparkmuseums für Kunst und Geschichte mit seinen 140 Sälen wartet mit einer Sammlung ausgefallener Altarkunst auf, die man sich trotz der vielen weiteren Highlights des Museums nicht entgehen lassen sollte. Die Flügelaltäre beziehungsweise Holzretabeln aus der Brabanter Bildhauerschule des ausgehenden 15. Jahrhunderts gehören zu den bedeutendsten ihrer Art auf der Welt.

Im Zentrum der hölzernen Flügelaltäre aus den Werkstätten Brüssels, Antwerpens und Mechelens, die im Mittelalter zu den wichtigsten Zentren der Produktion kostbarer Altaraufsätze gehörten, steht in der Regel eine Kreuzigungsgruppe oder die Krönung Marias, mit zahlreichen lebensnah und detailreich dargestellten Figuren. Die bemalten und vergoldeten Schnitzereien erzählen auf engstem Raum biblische Geschichten in den bunten Kostümen der damaligen Zeit, sodass sie wie Theaterstücke wirken. Zu den wichtigsten Produktionszentren gehörte im ausgehenden 15. Jahrhundert Brüssel, bevor zu Beginn des 16. Jahrhunderts die Schnitzkunst in Antwerpen immer bedeutender wurde. Bei den spätgotischen Brüsseler Retabeln sind die des heiligen Georg des Bildhauers Jan Borremans von 1493 und die um 1470 entstandene Passionsretabel eines unbekannten Künstlers besonders herausragend. Bei den Altarbildern aus der Antwerpener Schule sticht die Passion von Oplinter von 1530 hervor. Insgesamt sind in den Musées Royaux d'Art et d'Histoire 15 komplette Retabeln zu sehen, meist von vermögenden Stiftern in Auftrag gegeben.

Die hochwertig geschnitzten Altarbilder verlangten die intensive Zusammenarbeit verschiedener kunsthandwerklicher Berufe. Tischler und Schreiner für die Rahmung, Bildhauer und Holzschnitzer für die filigranen Statuetten, Vergolder und Maler für die anmutige Optik. Und mit Vorliebe verewigten die einzelnen Kunsthandwerker ihre Werkstattmarken und Initialen auf den Altarbildern.

Adresse Musée du Cinquantenaire/Jubelparkmuseum, Parc du Cinquantenaire/Jubelpark 10, 1000 Brüssel, Tel. +32/(0)2/7417211, www.kmkg-mrah.be | **Anfahrt** Metro 1/5, Haltestelle Merode oder Schuman; Tram 81, Haltestelle Merode; Bus 22/27/80, Haltestelle Gallier; Parkplätze am Museum | **Öffnungszeiten** Di–Fr 9.30–17 Uhr, Sa, So 10–17 Uhr | **Tipp** Das Museum hält eine Vielzahl europäischer und nichteuropäischer Kulturschätze bereit. Zu empfehlen ist die Sammlung historischer Pferdekutschen mit den Hochzeitskutschen von Leopold I. und Napoleon III.

31 Die Flugzeughalle
Das ist einzigartig in Europa

Schon die Halle dieses gigantischen historischen Museumskomplexes mit ihren zahlreichen Glaskuppeln und Türmen sprengt alle Dimensionen, ihren Inhalt findet man in Europa kein zweites Mal. Flugzeuge, so weit das Auge reicht. Der Beginn der Fliegerei ist mit dem Dreidecker des belgischen Erfinders César Battaille von 1911 dabei. Die Zeit des Ersten Weltkrieges ist durch die Reihe der Exponate nahezu lückenlos abgebildet – ob Aviatik, Nieuport 23 oder Fieseler Storch. Ein Originalexemplar der Nieuport 17 C1 gibt es nur in Brüssel. Der Zweite Weltkrieg ist mit vielen Flugzeugen vertreten – so die britischen Hurricane und Spitfire und eine belgische F-16. Und das Jet-Zeitalter ist mit internationaler Militärflugzeugtechnik präsent, von der US-amerikanischen Phantom bis zur sowjetischen MIG 23. Über allem fliegt eine Caravelle der früheren belgischen Luftfahrtgesellschaft Sabena. Eine von zahlreichen Passagier- und Frachtmaschinen verschiedener technologischer Epochen, die für den Besucher, der selbst in ein Jagdflugzeug steigen kann, spannend aufbereitet sind.

Die Flugzeugausstellung des Königlichen Armee- und Militärgeschichtsmuseums wird komplettiert durch große Hallen mit Geschützen und Panzern, Fahnen und Uniformen. Es gibt historische Sammlungen zu allen Epochen der belgischen Militärgeschichte, zu den österreichischen Niederlanden, der holländischen Zeit, der Ära Napoleons bis zur Belgischen Revolution. Ein Teil der Ausstellung ist der Besetzung Belgiens durch die deutsche Wehrmacht im Zweiten Weltkrieg gewidmet.

Das Militärmuseum wurde 1911 gegründet und basierte auf einer umfangreichen Sammlung an Militaria, die zur Weltausstellung 1910 zusammengetragen wurden, um das glorreiche Belgien gebührend in Szene zu setzen. 1923 wurde es schließlich unmittelbar neben dem Triumphbogen am Jubelpark eröffnet. Die Flugzeugausstellung mit mehr als 130 historischen Flugzeugen gibt es seit 1972.

Adresse Musée Royal de l'Armée et d'Histoire Militaire / Koninklijk Museum van het Leger en de Krijgsgeschiedenis, Parc du Cinquantenaire / Jubelpark 3, 1000 Brüssel, Tel. +32/(0)2/7377811, www.klm-mra.be | **Anfahrt** Metro 1/5, Tram 80, Bus 27/28/36/61/67/80, Haltestelle Schuman oder Merode | **Öffnungszeiten** Di–So 9–17 Uhr | **Tipp** Es lohnt ein Blick auf die ausgiebigen Wandmalereien der offenen, säulengeschmückten Rundbauten beiderseits des Triumphbogens.

32 Das Foto
Albert Einstein und Madame Curie im Métropole

Wenn man schon nicht in der Nobelherberge wohnt, dann lohnt auf jeden Fall ein Besuch der im Jugendstilambiente eingerichteten Bar des geschichtsträchtigen, 1895 erbauten Fünf-Sterne-Hotels Métropole. Zwei Brüder der Familie Wielemans, Besitzer einer Brauerei, hatten 1890 das Café Métropole eröffnet, um ihr Bier auch innerstädtisch zu verkaufen. Sie erwarben schließlich das benachbarte Bankgebäude und ließen vom belgisch-französischen Architekten Alban Chambon (1847–1928) das Luxushotel mit seinen korinthischen Säulen, farbigen, geschwungenen Fenstern, den imposanten Stuckdecken und Kristallleuchtern errichten. Teile der ehemaligen Bank wurden in das prächtige Foyer integriert. Hinzu kam die Bar mit viel Marmor, Stuck, Palmen und großen Spiegeln. Auf einer Tafel an einer goldverzierten Säule haben sich unter anderen Bianca Jagger, Maurice Béjart und der Rennfahrer Jacky Stewart verewigt. Und 1919 bereits der Dirigent Arturo Toscanini.

Doch damit nicht genug: Am Rande des Foyers entdeckt man ein Foto der besonderen Art. Eine illustre Runde hochkarätiger Wissenschaftler, nahezu allesamt Nobelpreisträger, sind hier auf einem Gruppenfoto zu sehen, das anlässlich der ersten sogenannten Solvay-Konferenz vom 30. Oktober bis zum 3. November 1911 im Grandhotel Métropole aufgenommen wurde. Der belgische Großindustrielle Ernest Solvay (1838–1922) hatte zu dieser Konferenz die wissenschaftliche Elite nach Brüssel geladen, um über fundamentale Probleme der aktuellen physikalischen Forschung zu diskutieren. Das Thema der 18 Physiker aus sieben Nationen: »Die Theorie der Strahlung und der Quanten«, die sich mit den unterschiedlichen Ansätzen der im Entstehen begriffenen Quantentheorie auseinandersetzte. Mit dabei: Walther Nernst, Max Planck, der junge Albert Einstein. Star dieses historischen Ereignisses und einzige Frau: Marie Curie, doppelte Nobelpreisträgerin in Physik und Chemie.

Adresse Hotel Métropole, Place de Brouckère / De Brouckèreplein 31, 1000 Brüssel, Tel. +32/(0)2/2172300, www.metropolehotel.com | **Anfahrt** Metro 3/5, Haltestelle De Brouckère | **Öffnungszeiten** Das Foto ist zu den Hotelöffnungszeiten zu besichtigen. | **Tipp** Der Boulevard Anspach ist seit 2016 komplett verkehrsberuhigt. Über die neue Flaniermeile gelangt man zur Place Fontainas und stößt dann an der Place Anneessens auf ein Denkmal des Freiheitskämpfers Frans Anneessens (1660–1719), der 1719 von den Österreichern hingerichtet wurde.

33 Die Frittenbude

Am Maison Antoine stand schon die Kanzlerin an

Der Name ist ein wenig irreführend. Das Maison Antoine ist keineswegs ein Haus, es ist eine, nein, *die* Frittenbude Brüssels. Eine Institution. Es ist verbürgte Wahrheit, dass Angela Merkel hier, wie jeder andere Gast auch, schön ordentlich in der Schlange angestanden hat, um sich während einer Tagungspause auf einem EU-Gipfeltreffen mit einer Tüte Pommes frites zu stärken. Schlangestehen ist vor diesem Pavillon durchaus üblich, und zwar seit 1948. Seitdem steht eine Baraque à Frites oder Fritkot mit dem Namen Antoine hier auf der Place Jourdan. Eigentlich ist immer Andrang. Und weil der Platz mitten im Europaviertel, direkt unterhalb der Gebäude von Parlament und Kommission liegt, ist ein Plausch unter Politikern, die hier anstehen, auch keine Seltenheit.

Die Fritten kommen – wie sich das gehört – in die Papiertüte (cornet), weil die nämlich mehr Fett aufsaugt als die in Deutschland üblichen Schalen (ravier). Wenn man partout will, gibt es die aber auch. Natürlich werden nur frische Kartoffeln verwendet, und natürlich werden die Stäbchen zweimal frittiert, und zwar in Rinderfett. Einmal zum Garen, danach lässt man sie abkühlen, dann kommen sie ein zweites Mal ins Öl zum Bräunen. Nur einmal frittieren hätte zur Folge, dass die Pommes frites entweder nicht gar wären oder aber schwarzbraun. Und kein Belgier würde das ernsthaft für essbar halten.

Das gilt auch für »Pommes Schranke« oder »Fritten rud-wis«, also die Variante Ketchup und Mayonnaise. Beide Saucen kann man bekommen (ebenso wie es hier Senf für Briten gibt), sie sind in Belgien aber nicht wirklich üblich. Hier bevorzugt man Sauce Tartare mit Schnittlauch oder aber schärfere Saucen: Andalouse, Americaine, Chili, Pili Pili und Samourai in aufsteigender Reihenfolge. Als gute Fritkot bietet das Maison Antoine etwa 50 verschiedene Saucen an. Dazu Frikandeln, aber auch Bouletten, Hühnerspieße, Schaschlik, Merguez und Ardennaise.

Adresse Place Jourdan 1, 1040 Brüssel (Etterbeek), Tel. + 32/(0)2/2305456 | **Anfahrt** Metro 1/5, Haltestelle Schuman; Bus 59/60/80, Haltestelle Jourdan | **Öffnungszeiten** So–Do 11.30–1 Uhr, Fr–Sa 11.30–2 Uhr | **Tipp** Es ist üblich, sich mit den frischen Fritten in die umliegenden Bars zu setzen, um dort das dazugehörige Bier zu bestellen. Am Pavillon hängt eine Liste der Lokale, die garantiert nichts dagegen haben.

34 Die Galerie Bortier
Ausgefallenes für Kunstliebhaber

Jean-Pierre Cluysenaar (1811–1880) ist unter Fachleuten bekannt, aber nicht unbedingt weltberühmt. In Brüssel allerdings hat sich der niederländische Architekt gleich mit zwei Galerien sehr wohl einen Namen als Stadtplaner und -erneuerer gemacht, vor allem mit den berühmten Galerien Saint-Hubert, aber auch mit der weit weniger bekannten Galerie Bortier. Die war ursprünglich nach der Einweihung 1848 Teil einer größeren Ladenpassage zwischen Kunstberg und Großem Markt, den Marchés Madeleine. Im Jahr 1958 wurde der größte Teil dieser Passage zum Festsaal der Stadt Brüssel ausgebaut und 2016 zu einer modernen Konzerthalle umfunktioniert. Heute macht die Galerie Bortier einen kleinen, überdachten Bogen von der Rue Madeleine 55 auf die Rue Saint-Jean 19.

Drinnen fällt als Erstes der Geruch nach altem Papier auf. In der Galerie Bortier gibt es keine mondänen Läden oder Edelboutiquen, die Geschäfte hier handeln mit Werken aus Papier, allesamt. Ein Paradies für Liebhaber alten Druckwerks. Ob Folianten oder Nachschlagewerke aus der vordigitalen Zeit, ob Erstausgaben oder Fehldrucke, ob Klassiker oder Comics (in Belgien ist die »neunte Kunst« ein Kulturgut) – es gibt fast alles, was auf Papier gedruckt wurde. Natürlich hauptsächlich in Französisch oder Flämisch, aber bisweilen auch in Deutsch und anderen Sprachen. Man muss nur suchen. Das aber ist es, was die Galerie Bortier so besonders macht: Besucher können und dürfen stöbern, anfassen, blättern – ja, sie sollen es sogar ausdrücklich. Und natürlich gibt es bei Bedarf fachkundige Beratung und Verkaufsverhandlungen.

Das gilt gleichermaßen für die Geschäfte in der Galerie, die mit Drucken und Stichen handeln. In der letzten Zeit sind einige der alteingesessenen Antiquariate nur schwer neu zu besetzen gewesen. Zwar gilt Brüssel weiter als wahre Fundgrube für Altertümer aller Art, aber deren Preise sind teilweise schneller gestiegen als die Einkommen potenzieller Käufer.

Adresse Rue de la Madeleine / Magdalenastraat 55, 1000 Brüssel | **Anfahrt** Metro 1/5, Bus 29/38/63/65/66/71, Haltestelle Gare Centrale / Centraal Station | **Öffnungszeiten** täglich 9–18 Uhr | **Tipp** »Passa Porta« betreibt in der Rue Dansaert 46 einen internationalen Buchladen und veranstaltet seit 2004 ein jährliches Literaturfestival.

35 Die Gasse
Nachts werden die Altstadtsträßchen dichtgemacht

Das mittelalterliche Brüssel zählte zu den schönsten Städten Europas. Dieses Brüssel ist abgebrannt, komplett und mehrfach. Niemand sollte erzählen, größere Teile davon gäbe es noch. Selbst die Grand-Place wurde durch französischen Beschuss am 13. und 14. August 1695 nahezu vollständig zerstört. Erst die Neubebauung gab dem Platz seine heutige geschlossene barocke Fassadenfront. Aber ein paar kleine Hinweise darauf, wie das alte Zentrum von der Grand-Place bis zur Sainte-Cathérine und Beguinage einmal ausgesehen haben könnte, findet man noch heute. Hausfassaden sind eher nicht als Hinweise geeignet, Straßenverläufe schon.

Und es gibt noch etwas zu entdecken aus der Zeit vor dem Autoverkehr: Gassen, selbst für Fußgänger eng, für Autos allemal zu schmal. Manches, was auf den ersten Blick wie ein Hauseingang wirkt, ist in Wirklichkeit eine Straße oder eine Impasse, was sowohl Engstelle als auch Sackgasse bedeuten kann. Die Impasse Schuddeveld zum Beispiel ist eine Sackgasse, die direkt in die Gaststätte des Théâtre Toone mündet, die Impasse Ossen hingegen führt zu mehreren Wohnhäusern. An der Impasse Cadeaux / Geschenkengang laufen die meisten aus Versehen vorbei – nur die nicht, die wissen, dass es hier zur Kneipe L'Imaige Nostre-Dame geht. Ebenso an der Impasse Saint-Nicolas, die zum Au Bon Vieux Temps (Zur guten alten Zeit) führt. Wer es nicht besser weiß, hält die beiden kleinen, mit Häusern überbauten Bögen und darüberplatzierten Schmuckstatuen für Haustüren. Tatsächlich sind es aber Altstadtgässchen, die bis heute nachts mit Türen verschlossen werden. Das gilt auch für die Rue de la Machoire / Kinnebak, die von der Rue de Flandre abzweigt. Auch die Rue Du Chien Marin / Zeehondstraat und die Rue du Nom de Jésus, ein paar Schritte weiter, die auf den Fischmarkt führen, lohnen den Besuch. Die wahrscheinlich schönste und romantischste aller Gassen ist die Rue de la Cigogne / Ooievaarstraat. Übersetzt heißt der Name Klapperstorch.

Adresse Rue de la Cigogne/Ooievaarstraat, 1000 Brüssel | **Anfahrt** Fußgängerzone, am besten ab Börse zu erreichen | **Öffnungszeiten** immer tagsüber | **Tipp** Seit 1993 kann direkt neben der Börse unter dem Asphalt ein Kapitel der mittelalterlichen Klostergeschichte Brüssels besichtigt werden. Das Museum Bruxella 1238 zeigt die Reste des gotischen Chores der Klosterkirche der Minoriten sowie backsteinerne Grabkammern (Rue de la Bourse/Beursstraat, Tel. +34/(0)2/2794371; Führungen: am ersten Mittwoch im Monat).

36 — Die Gedenkwand
Die Anschläge vom 22. März 2016

Ein ganz normaler Dienstagmorgen in Brüssel. Business-Time am Flughafen Brüssel-Zaventem. Starts und Landungen im Minutentakt. In der Innenstadt drängen sich die Menschen, eilen zur Arbeit. In der Metrostation Maelbeek, mitten im Europaviertel, herrscht hektische Betriebsamkeit.

Wenige Minuten vor acht Uhr explodieren in der Abflughalle innerhalb weniger Sekunden zwei Sprengsätze. Die gläserne Front der Halle fällt in sich zusammen, Teile der Hallendecke stürzen ein. Tote, Verletzte, Panik. Zwei Selbstmordattentäter haben sich in die Luft gesprengt und ein Dutzend Menschen mit in den Tod gerissen, über 100 Flugreisende werden zum Teil lebensgefährlich verletzt. Und dann, wenige Minuten nach neun Uhr, ein zweites Selbstmordattentat in der Brüsseler Innenstadt. In der Metrostation Maelbeek (Linie 1/5), unweit des Europäischen Parlaments und des Europäischen Rates. Diesmal ereignet sich die Explosion im mittleren Waggon eines stehenden Metrozuges. Die U-Bahn-Station gleicht einem Inferno. Tote und Verletzte in der Enge des Untergrunds. Entsetzen, Schock.

Wenig später wird das ganze Ausmaß der Katastrophe deutlich. Die Attentate, zu denen sich die Terrororganisation »Islamischer Staat« bekennt, kosten 35 Menschen das Leben, über 300 werden zum Teil schwer verletzt. Brüssel ist im Ausnahmezustand, der öffentliche Nahverkehr wird eingestellt, der Flughafen geschlossen. Tiefe Trauer überzieht die Stadt. Solidaritätsbekundungen, Kerzen, ein Blumenmeer.

Eine große Plakatwand in der Eingangshalle der Metrostation Maelbeek, dicht beschrieben und bemalt von Angehörigen und Freunden der Opfer, in der Mitte anrührend ein rotes Herz, offen für jeden weiteren Gedanken, erinnert an das Grauen des 22. März 2016. Viele Brüsseler bleiben stehen, gedenken der Menschen, schreiben vielleicht die eigenen Gedanken an die Wand. Denn dieses hinterhältige Attentat hätte jeden treffen können, der hier vorbeieilt.

Adresse Metrostation Maelbeek, Rue de la Loi / Wetstraat, 1000 Brüssel | **Anfahrt** Metro U1/5, Haltestelle Maelbeek, Ausgang Rue de la Loi | **Öffnungszeiten** immer zugänglich | **Tipp** Es gibt außen an der Metrostation Maelbeek noch eine weitere Gedenktafel – mit einem Text der belgischen Erfolgsautorin Griet Op de Beeck.

37 Das Gemeindehaus
Art déco in Forest/Vorst

Ursprünglich eine eigenständige, ländliche Gemeinde südlich von Brüssel, wurde Forest/Vorst Mitte des 19. Jahrhunderts von reichen Bürgern entdeckt. Die bauten zunächst imposante Villen in ausgedehnten Parks, wie etwa der deutschstämmige Fabrikant von Spitzen Wilhelm Duden. Später entstanden Fabriken, wie die Brauerei Wielemans-Ceuppens oder die Seifenfabrik Lever. Die Gemeinde wuchs rasant, zählte 1920 bereits 31.000 Einwohner. Die Verwaltung platzte aus allen Nähten.

Ein neues Rathaus sollte Abhilfe schaffen. 1925 erging der Auftrag an den belgischen Architekten Jean-Baptiste Dewin (1873–1948). Zehn Jahre später wurde nach einigen Querelen über den geeigneten Standort der Grundstein gelegt, und 1938 wurde das Rathaus schließlich offiziell eingeweiht. Es gilt seitdem als Meisterwerk des Art déco. Streng geometrische Linien kennzeichnen den Bau, außen gelbrote Ziegel, Beton und Blaustein, innen Marmor, Blaustein und Messing.

Namhafte Künstler hatten den Bau mitgestaltet. Die vergoldeten Figuren, die den 50 Meter hohen Turm im Stil eines mittelalterlichen Belfrieds schmücken, stammen von Victor Rousseau, ebenso die flachen Reliefs, die die wichtigsten ortsansässigen Berufe darstellen, unter anderem Brauer, Schuhmacher und Wäscher. Die Glasfenster hat Georges Balthus entworfen, das eindrucksvolle Innere des Rathauses aus Blaustein, Messing und Tropenhölzern aus dem Kongo stammt von den Brüdern De Coene. Lampen, Treppenhäuser, Sitzbänke, Schreibtische und Türbeschläge, alles stilecht, sind vollständig erhalten. Seit 1992 stehen das Gebäude und die gesamte Einrichtung unter Denkmalschutz.

Das alte Rathaus wurde 2015/2016 komplett renoviert und wird weiterhin tagtäglich für die ganz normale Verwaltung genutzt: In der großen Halle werden Führerscheine, Pässe oder Anträge gestempelt, im angrenzenden Saal Paare getraut. Und alles steht jedermann offen.

Adresse Rue du Curé/Pastoorstraat 2, 1190 Brüssel (Forest/Vorst), Tel. +32/(0)2/3702211 | **Anfahrt** Tram 32/82/97, Bus 50/54, Haltestelle Forest Centre | **Öffnungszeiten** Mo–Do 8.30–12.45 Uhr, Fr 8.30–11.45 Uhr, zusätzlich Mi 13.45–15.45, Do 17–18.45 Uhr | **Tipp** Die ehemalige Brauerei Wielemans-Ceuppens an der Avenue van Volxem 354, schon für sich genommen ein Kunstwerk, ist heute Sitz von »Wiels«, einem Zentrum für zeitgenössische Kunst, und präsentiert internationale und belgische Avantgarde, www.wiels.org.

38 Das Geschichtshaus
EU-Selbstdarstellung in Zeiten der Krise

Das an Museen wahrlich nicht arme Brüssel bekommt 2017 Zuwachs: das Haus der Europäischen Geschichte. Bereits seit Mitte der 1990er Jahre wurde darüber diskutiert, vor allem um die Frage, wo man zeitlich mit der Darstellung der komplexen Geschichte Europas beginnen solle, ohne sich ins Unendliche und damit zunehmend Belanglose zu verlieren. 2011 dann der Durchbruch und damit einhergehend der eigentliche Startschuss für das anspruchsvolle Projekt: Man will sich auf das 20. Jahrhundert konzentrieren und nach Diktaturen, Kriegen, Demokratieversuchen und Faschismus auf die europäische Einigungsgeschichte, diese trotz aller momentanen Verwerfungen grandiose Erfolgsstory, setzen. Dabei soll es neben der dargestellten Geschichte des 20. Jahrhunderts immer wieder Exkurse geben, zum antiken Rom, zum Frankenreich der Renaissance und der Aufklärung. Das Museum ist geprägt von der 4.000 Quadratmeter umfassenden ständigen Ausstellung zur gemeinsamen Geschichte Europas in den 24 Amtssprachen der Europäischen Union, aber auch von wechselnden Ausstellungen und Veranstaltungen.

Basis des neuen Museumskomplexes ist das Eastman-Gebäude im Parc Léopold, benannt nach George Eastman, dem Erfinder der Kodak-Kamera. Der Stifter und Mäzen ließ hier 1935 durch den belgischen Architekten Michel Polak (1885–1948) ein prachtvolles Gebäude im Art-déco-Stil errichten für eine Zahnklinik, die den armen und benachteiligten Kindern Brüssels die kostenlose Zahnversorgung ermöglichen sollte.

Das Konzept des Pariser Architekturstudios Chaix & Morel in Planungsgemeinschaft mit dem Kölner Büro JSWD Architekten basiert auf dem Weiterbau des Eastman-Gebäudes. Im Zentrum steht ein transparenter Museumsquader mit schimmernder Glashülle und scheinbar frei schwebenden containerähnlichen Boxen. Die erzeugen im gleichförmigen Kubus eine faszinierend asymmetrische Wirkung.

Adresse Haus der Europäischen Geschichte, Rue Belliard, Belliardstraat 135, 1000 Brüssel | **Anfahrt** Metro 1/5, Haltestellen Maelbeek und Schuman; Metro 2/6, Haltestelle Trône / Troon; Bus 22/27/34/38/64/80, Haltestelle Europäisches Parlament | **Öffnungszeiten** Mo 13–18 Uhr, Di–Fr 9–18 Uhr, Sa, So 10–18 Uhr, freier Eintritt | **Tipp** Besonders reizvoll sind die detailliert restaurierten Wandmalereien des Künstlers Camille Barthélemy (1890–1961) nach Fabeln des mittelalterlichen französischen Schriftstellers Jean de La Fontaine im alten Wartezimmer der einstigen Zahnklinik Eastman.

39 _ Die Gießerei
Industriekultur in Molenbeek

Im 19. Jahrhundert war das kleine Belgien die führende Industrienation auf dem europäischen Kontinent, nur England war weiter entwickelt. Die Wallonie verfügte über Kohle und Eisen, Flandern über Häfen und Handelsverbindungen. Und die Hauptstadt Brüssel war tatsächlich eine Industriemetropole. Schon 1835 verband die erste europäische Eisenbahnlinie die Stadt mit Mechelen. Längs des Kanals gab es Hunderte Fabriken. Beim Namen Molenbeek dachte daher niemand an islamistischen Terror, wohl aber an »Klein-Manchester«, wie der Volksmund den Stadtteil nannte.

»Die Gießerei«, ein Industriemuseum in den renovierten Hallen einer vormaligen Bronzegießerei, erinnert an diese Geschichte. Man merkt Museum und Dauerausstellung an, dass sie von Menschen erdacht und entwickelt wurden, die körperliche Arbeit genau kennen. Da ist nichts Statisches oder allzu Theoretisches. Besucher können und sollen die Ausstellungsstücke berühren. Zum Beispiel eine alte Drehbank, an der Bremsen für die ersten Autos, aber später auch für das Luftfahrtunternehmen Lockheed in den USA hergestellt wurden. Und man erfährt: Diese Drehbank wurde bis 1994 von Louise Winkelinckx, einer Enkelin des Firmengründers, benutzt, um originalgetreue Bremsen für Oldtimer herzustellen. Die praktische Arbeit mit Metall, Holz oder Textilien ist ein Teil der Ausstellung. Andere Themen sind die Organisation der Arbeitswelt, der Einfluss der Industriearbeit auf Stadtentwicklung und Demografie oder die Rolle der Geschlechter. Alles zusammen ist es Geschichte zum Anfassen.

Seit 30 Jahren wächst das Museum beständig. Auf dem Hof liegen Berge von altem Werkzeug und Maschinenteilen, die für neue Ausstellungen aufgearbeitet werden. Seit zehn Jahren gibt es unter dem Titel »Die Geschichte von Metall und Feuer« einen jährlichen Workshop, der die Kunst des Handwerks lehrt: An berufenem Ort wird Metall zu Kunst, ob geschmiedet, geformt oder gegossen.

Adresse La Fonderie, Rue Ransfort 27, 1080 Brüssel (Molenbeek), Tel. +32/(0)2/4109950, www.lafonderie.be | **Anfahrt** Metro 1/5, Haltestelle Comte de Flandre/Graaf van Vlaanderen; Tram 51, Haltestelle Port de Flandre; Tram 82 und Bus 86, Haltestelle Triangle | **Öffnungszeiten** Di–Fr 10–17 Uhr, Sa, So 14–17 Uhr | **Tipp** Auf einem Boot, das früher den Zürichsee befuhr, bietet die Fonderie zweistündige Hafenrundfahrten an, die einen ganz speziellen Blick auf die Industriegeschichte Brüssels ermöglichen.

40 — Der Glaspalast
Die Königlichen Gewächshäuser in Laeken

Gut drei Wochen im Jahr haben »Normalsterbliche« Zugang zu einem Teil des Privatpalasts des belgischen Königshauses in Laeken: zu den Gewächshäusern. In aller Regel im April, genau dann, wenn die größte Blütenpracht zu erwarten ist. Ein Hochvergnügen für alle Sinne.

Der abgesteckte und vorgegebene Weg führt über mehr als einen Kilometer durch 15 miteinander verbundene Hallen aus Stahl und Glas, besetzt mit über 60.000 Pflanzen: Palmen, Kautschuk und Orchideen, Azaleen, aber auch heimische Blumen. 15.000 Quadratmeter, mithin die Fläche von knapp drei Fußballfeldern, das ist beeindruckend. Die große, freitragende Kuppel der sogenannten »Eisenkirche« (auch Wintergarten genannt) im Zentrum der Anlage steht auf 36 Säulen und ist 25 Meter hoch. Noch größer sind nur die 100 Jahre später erschaffenen »Gardens by the Bay« in Singapur. Nachhaltigen Eindruck hinterlässt auch die Temperatur. Tropische Pflanzen brauchen Wärme und Feuchtigkeit, und die erleben die Besucher unter den Glaskuppeln. Pro Jahr wird hier eine knappe Million Liter Öl verheizt.

Schließlich bestechen auch die Hallen selbst: eine filigrane Architektur aus Stahl und Glas, die der Hofarchitekt Alphonse Balat (1818 – 1895) unter Mitwirkung des jungen Victor Horta zwischen 1874 und 1895 nach dem Vorbild des Crystal Palace in London erbaute. Der Glaspalast von Laeken ist allerdings doppelt so groß. Vor allem besticht er durch die runden, organischen Formen, die ständig neue Ein- und Durchblicke ermöglichen. Mehr noch, die Stahl-Glas-Konstruktion gilt als Initialzündung für den Jugendstil und zudem als Vorbild für alle späteren Hallen, die Klimazonen schaffen und schützen sollen. Zur Wahrheit gehört allerdings auch, dass der schöne Glaspalast mit Blutgeld finanziert worden ist, den Einnahmen von Leopold II. aus seiner brutalen Sklavenwirtschaft im Kongo.

Adresse Avenue du Parc Royal, 1020 Brüssel (Laeken/Laken) | **Anfahrt** Tram 3/7, Haltestelle Araucaria; Bus 19/55/230, Haltestelle Serres Royales | **Öffnungszeiten** täglich 9.30–15.30 Uhr, Fr–So auch 20–21.30 Uhr; genaue Daten unter www.belgien-tourismus.de | **Tipp** Unbedingt einen Besuch lohnen der Japanische Turm und der benachbarte Chinesische Pavillon, ebenfalls in Laeken (Avenue Jules van Praet 44).

41 Der Hamam
Marokkanisches Dampfbad in der Rue Gallait

Natürlich gehört auch in Brüssel ein Wellnessbereich mit angeschlossenem Spa zur Angebotspalette guter Hotels. Wer allerdings den Service eines ursprünglichen orientalischen Hamams erleben will, der geht ins Le Riad in Schaerbeek.

Riad, so heißen in Marrakesch die traditionellen Häuser der Altstadt in der Nähe des berühmten Marktes Djemaa el-Fna, die um einen Innenhof herum gebaut sind. Heute sind es häufig Gästehäuser mit eigenem Dampfbad. Und daher hat die aus Marokko stammende Zehour Kharbouch ihren 2005 gegründeten Hamam »Le Riad« genannt. Das Haus in Schaerbeek gehörte ihrer Familie. Eine Anwaltskanzlei zog aus, und die unteren Geschosse standen leer. Kurz entschlossen gründete die damals knapp 50-Jährige gemeinsam mit ihrem Sohn Movenis Boucham mitten in Brüssel ihr eigenes Geschäft – ein marokkanisches Dampfbad mit allem, was dazugehört: Düften und Aromen aus frischen oder getrockneten Kräutern, Massagen mit Seifenschaum, Peelings mit schwarzer Seife aus Olive und Moorpackungen in Tonerde, alles reine Naturprodukte und direkt aus Marokko importiert. Natürlich zählt auch ein Aufenthaltsbereich mit heißem Minztee und frisch gepresstem Orangensaft dazu. Und natürlich gibt es im Hamam unterschiedliche Öffnungszeiten für Frauen und Männer.

Ursprünglich war ein Hamam die Waschgelegenheit für ein ganzes Stadtviertel – heute ist es ein kleiner persönlicher Luxus zur Körper- und Hautpflege. Geblieben ist die Tradition, den Hamam in der Gruppe zu besuchen, um im heißen Dampf zu entspannen und dabei miteinander zu reden und zu lachen. Beschauliche Stille wird man im Le Riad eher selten finden, dafür aber einen echt orientalischen Hamam. Neben verschiedenen Massagearten gehören Maniküren und Pediküren sowie Haar-Epilationen und -schnitte zum Service. Neben Französisch und Flämisch wird auch Englisch und etwas Deutsch gesprochen.

Adresse Rue Gallait 29, 1030 Brüssel (Schaerbeek), Tel. +32/(0)2/2480210, www.leriad.eu | **Anfahrt** Tram 25/32/55/62, Bus 93, Haltestelle Liedts | **Öffnungszeiten** Frauen: Di, Do, Fr, So 10–17 Uhr, Mi, Sa 10–23 Uhr; Männer: Di, Do, Fr, So 18–23 Uhr, Mo 14–23 Uhr | **Tipp** Das Lovina-Spa ist ein modernes Wellness-Zentrum in den Tour-&-Taxis-Hallen mit Sauna, Dampfbad, Massagen und Sonnenbank.

42 Der Held
Stolz sein auf den Märtyrer Everard 't Serclaes

Wer den Helden berührt, dem wird ein Wunsch erfüllt. Man darf das Gewünschte nie laut aussprechen, muss es für sich behalten. Und dann soll es in Erfüllung gehen, so jedenfalls sagt es die Legende. Kein Wunder, dass der in einer kleinen Passage, unmittelbar links des Rathauses an der Grand-Place, hingestreckte Everard 't Serclaes (um 1320–1388), Herzog von Cruyckembourg, zahlreiche blanke Stellen aufweist, mit Vorliebe an Kopf und Armen.

Das vom in Antwerpen geborenen und zeitlebens in Saint-Gilles arbeitenden Bildhauer Julien Dillens (1849–1904) 1902 geschaffene Monument nebst Grabplatte aus Kupfer und Zink zeigt den auf dem Sterbebett liegenden Helden. Der war von den Mannen seines Gegners Sweder d'Abcoude, dem Herrn von Gaasbeek, überfallen und schwer verletzt worden und starb am 31. März 1388 in der angrenzenden Maison de l'Etoile, dem »Haus zum Stern« und avancierte zur Legende.

Everard 't Serclaes wurde bereits zu Lebzeiten als Held verehrt, weil er am 24. Oktober 1356 mit einer kleinen Truppe bürgerlicher Gleichgesinnter die Stadtmauern eingenommen und Brüssel von der zwischenzeitlichen flandrischen Herrschaft des Grafen Louis de Male (1330–1384) befreit hatte. Dieser hatte in den Wirren des brabantischen Erbfolgekrieges Brüssel eingenommen und sich an die Stelle der die Erbfolge angetretenen Herzogin Johanna gesetzt. Herzogin Johanna revanchierte sich für ihre Wiedereinsetzung bei den Bürgern Brüssels mit dem Erlass der »Charte de la Joyeuse Entrée«, die die Bürgerrechte und Herrscherpflichten, fein säuberlich voneinander getrennt, für die Zukunft festschrieb.

Everard 't Serclaes, der selbst als Belohnung für die Befreiung der Stadt fünfmal zum Schöffen des Brüsseler Rathauses gewählt worden war, avancierte zum Märtyrer und wird bis zum heutigen Tag verehrt. Die Szene seiner Ermordung ist noch einmal im Innenhof des Rathauses im linken Torflügel an der Löwentreppe dargestellt.

Adresse Grand-Place, Ecke Rue Charles Buls, 1000 Brüssel | **Anfahrt** Metro 3/4, Haltestelle Bourse/Beurs; Metro 1/5, Haltestelle Gare Centrale/Centraal Station | **Öffnungszeiten** immer zugänglich | **Tipp** Neben dem Helden ist eine große Gedenktafel für den Brüsseler Bürgermeister Karel Buls (von 1881–1899 im Amt) zu sehen, der die glanzvolle Restaurierung der Gebäude am Großen Markt verantwortete und heute als »Retter der Grand-Place« verehrt wird.

43 Die Hölle
Erinnerung an die Stadion-Katastrophe von 1985

Es war der 29. Mai 1985. In gut zwei Stunden sollte im Brüsseler Heysel-Stadion das Finalspiel des Europapokals der Landesmeister zwischen dem FC Liverpool und Juventus Turin angepfiffen werden. Die Stimmung war aufgeheizt. Die Karten des Blocks Z, der unmittelbar an die Kurve der Liverpooler Fans grenzte und eigentlich neutralen Zuschauern vorbehalten sein sollte, waren auf kriminelle Weise auch an Italiener verkauft worden. Steinwürfe, Leuchtraketen und Schmähgesänge auf beiden Seiten feuerten die ohnehin schon aggressive Stimmung an. Um 19.45 Uhr dann der Sturm Hunderter Liverpooler auf die Italiener in Block Z. In wenigen Sekunden rissen die englischen Hooligans den spärlichen Maschendrahtzaun nieder und machten Jagd auf die Turiner. Eine Massenpanik brach aus, Menschen stürzten zu Boden, wurden überrannt und zertrampelt. Die Situation geriet außer Kontrolle, die Polizei war hilflos. Die flüchtenden Juventus-Fans suchten nach einem Ausgang, wurden gegen eine marode Betonmauer gedrückt, die plötzlich einstürzte und viele unter sich begrub. Alles live vor Millionen Menschen an den Fernsehern. Das blutige Fazit: 39 Tote, davon 32 Italiener, über 450 Verletzte, zum Teil schwer. »Heysel« wurde zum Synonym für die schlimmste Tragödie des europäischen Fußballs.

Das 1930 eröffnete Heysel-Stadion wurde weitgehend stillgelegt, schließlich bis auf die Fassade abgerissen und 1995 unter dem Namen »König-Baudouin-Stadion« als Multifunktionsarena mit allen Sicherheitsstandards wieder eröffnet. An die Toten der Stadionkatastrophe von 1985 erinnert heute an der Tribünenrückseite eine Gedenktafel. 2005 installierte der französische Lichtdesigner Patrick Rimoux vor dem Stadion eine 60 Quadratmeter große Sonnenuhrskulptur. Durch die Verwendung italienischer und belgischer Materialien und eines englischen Gedichts sowie der Namen der 39 Toten soll die Trauer der drei Länder zum Ausdruck gebracht werden: »Vergesst das nie.«

Adresse König-Baudouin-Stadion, Avenue de Marathon 135, 1020 Brüssel (Heysel/Heizel) | **Anfahrt** Metro 6/7, Haltestelle Heysel/Heizel | **Öffnungszeiten** von außen zu besichtigen | **Tipp** Zwischen Stadion und Atomium befinden sich zwei Attraktionen: das Planetarium (Avenue de Bouchout 10/Boechoutlaan 10) und das Mini-Europe (Bruparck).

44 Das Horta-Atelier
Das Wohnhaus des Jugendstilarchitekten

Von 1898 bis 1901 erbaute der Architekt Victor Horta sein Privathaus in der Rue Americaine 23–25 im Brüsseler Stadtteil Saint-Gilles. Ein Juwel in jeder Hinsicht. Unverfälschter Jugendstil, vor allem innen: jedes Möbelstück, jedes Scharnier, Türgriffe, Lampen, Mosaike, Glasarbeiten und Wanddekorationen – alles durchkomponiert als Gesamtkunstwerk, ganz im Sinn des Kunst- und Lebensverständnisses des Art nouveau. Ein Treppenhausschacht bringt nicht nur einfach Licht ins Haus, er erleuchtet es regelrecht.

Hier kann man sehen und erleben, was die Künstler der Wiener Sezession, des Weimarer Bauhauses und des Brüsseler Art nouveau gewollt haben. Und das wurde keineswegs immer goutiert. In den 1960er Jahren wurden allein in Brüssel Hunderte Jugendstilgebäude abgerissen, um Platz für Hochhäuser zu schaffen. Von Henry van de Velde und Paul Hankar sind so gut wie keine Gebäude erhalten, und auch Victor Hortas weltberühmtes Volkshaus/Maison du Peuple in der Nähe der Place du Grand Sablon musste trotz heftiger Proteste einem Versicherungspalast weichen.

Anders sein Wohnhaus. In jedem Detail von Gebäude und Ausstattung zeigt sich, welcher Wert auf dessen Gestaltung gelegt wurde und damit zugleich auf die handwerklichen Fähigkeiten der Tischler, Steinmetze oder Fensterbauer. Es war der wohlhabende Mittelstand, der sich derartige »Kunsthäuser« leisten konnte. Zugleich war das politische Ziel der Architekten die Befreiung der arbeitenden Menschen aus der Dunkelheit der Hinterhöfe. Deshalb spielt die Gestaltung von Licht eine zentrale Rolle in Hortas Arbeiten, und deshalb hat er mit dem Volkshaus der Belgischen Arbeiterpartei das größte Jugendstilgebäude Brüssels konzipiert. Ein Modell im Horta-Museum erinnert daran. Immerhin: Neben seinem Atelier sind in Brüssel drei weitere Horta-Bauten heute dadurch geschützt, dass sie auf der UNESCO-Liste des Weltkulturerbes stehen.

Adresse Horta-Museum, Rue Americaine/Amerikaansestraat 25, 1060 Brüssel (Saint-Gilles/Saint-Gillis), Tel. +32/(0)2/5430490, www.hortamuseum.be | **Anfahrt** Tram: 81/91/92/97, Bus 54, Haltestelle Place Janson | **Öffnungszeiten** Di–So 14–17.30 Uhr | **Tipp** Den besten Eindruck von Victor Hortas Gestaltung öffentlicher Gebäude vermittelt das ehemalige Kaufhaus Waucquez in der Rue des Sables/Zandstraat 20, heute Heimat des Comicmuseums »Centre Belge de la Bande Dessinée«.

45 — Das Hôtel Tassel
Grundstein der europäischen Jugendstilmetropole

1893 entwarf Victor Horta das Hôtel Tassel als Privathaus für den Wissenschaftler Emile Tassel und wurde, fast über Nacht und gerade 32 Jahre alt, weltberühmt. Von außen unterscheidet sich das Haus von seinen Nachbargebäuden nicht einmal so sehr, nur die geschwungenen Linien im Stein und viel Glas fallen auf. Innen aber keine Spur eines schmalen Brüsseler Stadthauses. Stattdessen eine offen liegende, organisch geschwungene Gusseisenkonstruktion als Treppenhaus mit einem Glasdach, das das gesamte Haus beleuchtet und dabei weiträumig und elegant erscheinen lässt. Ein großer Wurf in Raumwirkung und -gestaltung, von dem Mann, der fortan als der Meister des Art nouveau, des belgischen Jugendstils, gelten sollte. Die neuartige Konzeption seiner Bauten als Gesamtkunstwerk machte Furore. Jedes Möbel, ja jeder Türgriff wurden Teil der Architektur. Horta bezeichnete die Formgebung als im höchsten Maße praktisch, keinesfalls als künstlerisch manieriert.

Victor Horta (1861–1947) wurde als Sohn eines Schusters in Gent geboren. Bereits mit 23 Jahren erhielt er seinen ersten Architekturpreis: für den Entwurf eines belgischen Parlamentsgebäudes, das nie gebaut wurde. Viele weitere Preise folgten. Als studentischer Assistent des Architekten Alphonse Balat arbeitete er mit am Konzept der Königlichen Botanischen Gärten in Laeken. Hier wurde sein Können im Umgang mit Glas und Stahl erstmals deutlich. Zunächst kümmerte er sich um öffentliche Bauten, wollte keine Privathäuser für reiche Bürger bauen. Doch mit dem Hôtel Tassel wurde alles anders. Es galt als erstes Jugendstilgebäude der Welt. Eine Phase mit beispielhaften Bauten folgte, nicht nur von Victor Horta selbst, auch von seinen Freunden Paul Hankar oder Albert Roosenboom. Knapp 100 Gebäude entstanden in den beiden Nachbarstadtteilen Saint-Gilles und Ixelles und mehr als drei Dutzend der bekanntesten in fußläufiger Nachbarschaft des Hôtel Tassel zwischen Rue Louisa und Place Brugmann.

Adresse Hôtel Tassel, Rue Paul-Emile-Janson 6, 1050 Brüssel (Ixelles/Elsene) | **Anfahrt** Tram 93/94, Haltestelle Defacqz | **Öffnungszeiten** Privatbesitz, daher nur von außen zu besichtigen | **Tipp** Die Touristeninformation bietet für 5 Euro eine Karte mit Jugendstiltouren an. ARAU bietet für 20 Euro pro Person samstags von 10 bis 15 Uhr geführte Touren mit Besichtigungen auch in den Innenräumen an (Tel. +32/(0)2/2193345).

46 _ Der Kanal
Wasserstraße und Stadthafen

Es ist mitunter schon irritierend, wenn einem mitten in Brüssel ein riesiges Frachtschiff begegnet, das sich dicht an den Kaimauern durch die schmalen Passagen des die Stadt durchziehenden Kanals Charleroi–Brüssel zwängt. Der Kanal, der auf einer Länge von 74 Kilometern die Städte Charleroi im Süden Belgiens und Brüssel verbindet und am nördlichen Stadtende in den Brüssel–Schelde-Kanal nach Antwerpen übergeht, zerschneidet die Stadt. Das westliche Ufer geht zur Innenstadt über und nach Schaerbeek, das östliche bildet die Grenze zu Anderlecht, Molenbeek und Laeken.

Pläne für eine Wasserstraße zwischen Charleroi, dem Zentrum des Kohlebeckens, und Brüssel wurden schon in der ersten Hälfte des 16. Jahrhunderts unter Karl V. geschmiedet. Der Kanal in seiner heutigen Struktur wurde 1832 eingeweiht, es folgten aber wegen der immer größer werdenden Schiffe regelmäßige Erweiterungsarbeiten. Von den elf Schleusen des Kanals liegen zwei in Brüssel – in Anderlecht und Molenbeek.

Eine Schifffahrt durch Brüssel ist über weite Strecken relativ unspektakulär, da der Kanal einige Meter unter dem Niveau der Stadt liegt, mit überwiegend gemauerten Seitenwänden. Anders präsentiert sich dieselbe Strecke aber dem Fußgänger: Am östlichen Ufer des Kanals finden sich die alten Brauereianlagen, darunter die legendäre Bellevue-Brauerei, heute sind darin Hotels, Museen und Geschäfte untergebracht.

Ab der Place Sainctelette, wo der Kanal zu einem größeren Bassin wird, stößt man an den Außenwänden der Lagerhallen auf große farbige Malereien aus dem Comic »Corto Maltese« des italienischen Zeichners Hugo Pratt (1927–1995). Davor entsteht in den Monaten Juli und August für sechs Wochen im Jahr ein Stück Mittelmeer. Ein langer Sandstrand wird aufgeschüttet, an dem Beachvolleyball, Boccia oder Strandfußball gespielt werden, es gibt Cocktailbars, Musik und Filmvorführungen.

Adresse Kanal zwischen Porte de Flandre / Vlaamsesteenweg und Place Sainctelette-Plein (Bassin Beco) sowie Place des Armateurs (Übergang zum Industriehafen Bassin Vergote), 1000 Brüssel | **Anfahrt** Metro 1/5, Haltestelle Comte de Flandre / Graaf van Vlaanderen; Metro 2/6, Haltestelle Yser / IJzer; Bus 14/15/57/88, Haltestelle Willebroek oder Armateurs | **Öffnungszeiten** immer zugänglich | **Tipp** Von der Terrasse des öffentlichen, nostalgisch anmutenden Clubhauses des Royal Yacht Club in der Chaussée de Vilvorde in Laeken (mit dem Auto zu erreichen) hat man einen guten Blick auf Kanal und Hafen.

47 Die Kleidersammlung
Was dem Manneken Pis so alles angezogen wird

Kaum jemand weltweit verfügt über eine so vielfältige Garderobe wie das Manneken Pis. Als diplomatisches Gastgeschenk, in offizieller oder geheimer Mission, zu besonderen in- und ausländischen Anlässen oder angesichts Brüsseler Events werden dem Wahrzeichen der Stadt seit Jahrhunderten Bekleidungen jeder Couleur verpasst. Ob Hose, Umhang, Kleid oder Uniform – immer lugt der kleine Schniedel unter der linken Hand des Jungen aus dem Schlitz oder durchs Gewand und droht den Betrachter in der nächsten Sekunde mit seinem Strahl zu treffen. In einem eigenen Salon des Musée de la Ville, des Stadtmuseums, an der Nordseite der Grand-Place ist die umfangreiche Garderobe des wahrscheinlich prominentesten Brüsseler Bürgers zu begutachten, hinter Glas stehen Repliken in schier unglaublichen Outfits. Als Künstler und Clown, als Brite mit Union Jack und Zylinder, als Fußballer, Eishockeyspieler, Eskimo, Maharadscha oder orientalischer Prinz, als Arzt, Polizist oder Soldat, als Gaucho, Cowboy oder Sultan, in prämierten Designer-Looks oder als Mitglied der belgischen Mannschaft bei den Olympischen Sommerspielen 2016 in Rio de Janeiro war das Manneken Pis schon verkleidet. Und noch weitere Schränke und Vitrinen hängen voll mit der ausgefallenen Garderobe, die der kleine Mann bereits getragen hat. Rund 800 Kostüme gehören zum Fundus des Manneken Pis, die auch interaktiv an Multimedia-Terminals bestaunt werden können.

Zahlreiche Legenden ranken sich um den kleinen Pinkler auf dem Brunnen der Innenstadt, der bereits seit dem frühen 17. Jahrhundert immer wieder neu eingekleidet wurde. Eine erste Inventarisierung der Garderobe geht auf das Jahr 1756 zurück, als das Manneken Pis mindestens viermal jährlich in Schale geworfen wurde. Noch heute darf das Manneken Pis nur von einem Stadtangestellten angezogen werden, und der hat gut zu tun, wenn es Jahre gibt, in denen die Kostümierung bis zu zwei Dutzend Mal wechselt.

Adresse Musée de la Ville de Bruxelles, Maison du Roi, Grand-Place, 1000 Brüssel, Tel. +32/(0)2/2794350, www.brusselscitymuseum.brussels/fr | **Anfahrt** Metro 3/4, Haltestelle Bourse/Beurs; Metro 1/5, Haltestelle De Brouckère | **Öffnungszeiten** Di–So 10–17 Uhr, Do bis 20 Uhr | **Tipp** Es lohnt, das Anfang des 16. Jahrhunderts unter Karl V. erbaute und im 19. Jahrhundert im neugotischen Stil rekonstruierte Gebäude genauer anzusehen.

48 __ Das Klöppel-Paradies
Brüsseler Spitze als exklusive Rarität

Was heutzutage als echte Spitze angeboten wird, ist vielfach maschinell gefertigt oder relativ einfach gemustert oder aber teuer. Klöppeln ist ein schwieriges Handwerk, das heute eher in Museumsdörfern als in realer Fabrikation zu Hause ist. Zudem lag die Hochzeit der Brüsseler Handklöppelspitze, der »Königin der Spitze«, im Barock und im Rokoko. Wer Spitze bewundern möchte, muss ins Museum. 1977 wurde das Museum für Kostüm und Spitze unweit der Grand-Place eingerichtet, um die textilen Kulturschätze der Stadt Brüssel ins rechte Licht zu setzen. Ausgangspunkt für die Sammlung war der Bestand an Kirchengewändern und Spitzen, die im Musée du Roi aufbewahrt wurden.

Ein besonders feiner Zwirn, die schönsten Motive und perfekte Handarbeit: Das alles zusammen machte »Brüsseler Spitze« im 18. Jahrhundert zu einer der begehrtesten Waren Europas. Gut 10.000 Arbeiterinnen klöppelten in dieser Zeit allein in Brüssel Hauben und Mieder, Schleifen, Manschetten und ganze Kleider. Rosen und Nelken, Hirsche und Delphine, auch religiöse Szenen wurden zu Stoffbildern und verhalfen ihren Produzentinnen für die damalige Zeit zu relativem Wohlstand. Brüsseler Spitze war so begehrt, dass die Ausreise von Spitzenklöpplerinnen verboten wurde. Gleichzeitig versuchten englische Fabrikanten die Frauen mit kostenloser Unterkunft zu locken. Die Französische Revolution machte Schluss mit der Spitzenmode. Die Nachfrage war abrupt beendet, und gleichzeitig war Tüll mit aufgenähten Blumen billig und einfach herzustellen. Geblieben sind das Renommee und der Begriff »Brüsseler Spitze«.

Im 19. Jahrhundert wurden die ersten Maschinen erfunden, die ähnliche Textilien herstellen konnten. Ob Spitze von einer Maschine oder einer Klöpplerin gefertigt wurde, können Laien nicht auf Anhieb erkennen. Es gibt aber ein Merkmal: Maschinen können keine runden Formen klöppeln, lediglich Borten und Ränder.

Adresse Musée du Costume et de la Dentelle, Rue de la Violette / Violetstraat 12, 1000 Brüssel, Tel. +32/(0)2/2134450, www.costumeandlacemuseum.brussels/fr | **Anfahrt** Fußgängerzone; Bus 48/95, Haltestelle Parlement Bruxellois | **Öffnungszeiten** Di–So 10–17 Uhr | **Tipp** Das Gros der Geschäfte, die Spitze anbieten, liegt in der Rue de l'Étuve/ Stoofstraat gleich um die Ecke vom Museum. Teurer und nobler: die »Manufacture Belge de Dentelles« in der Galerie du Roi/Koningsgalerij.

49 __ Das Kloster
Sich lustvoll ergehen im Rouge-Cloître

Der stadtnahe Park Forêt de Soignes / Zoniënwoud, zehn Kilometer vom Brüsseler Zentrum entfernt, gehört mit seinen üppigen Baumbeständen zu den gepflegtesten Wäldern Belgiens. Im Norden der grünen Oase stößt man auf die Abtei von Rouge-Cloître aus dem 14. Jahrhundert, das Rote Kloster, wohl so genannt, weil es mit rotem Mörtel erbaut wurde. Die Augustinermönche kultivierten das umliegende Land, legten Teiche an, betrieben eine üppige Landwirtschaft, die auch das nahe Brüssel versorgte. Und die Abtei war immer ein Hort der Kunst, der Schriftstellerei und der Malerei. Hier lebte der Schriftsteller Jean Gielemans (1427 – 1487), es wurde eine angesehene Bibliothek unterhalten, und einer der berühmtesten Maler seiner Zeit, Hugo van der Goes (1435 – 1482), der 1476 dem Augustinerorden beigetreten war, malte hier zahlreiche bedeutende Gemälde.

Die Abtei existierte bis zu ihrer Auflösung 1796 durch die Franzosen, die Kirche wurde 1834 durch Brandschatzungen und Plünderungen völlig zerstört. Mal war das Kloster eine Baumwollspinnerei, dann eine Munitionsfabrik, schließlich zum ausgehenden 19. Jahrhundert ein Hotel und Restaurant. Heute präsentiert es sich, grundsaniert in den 1990er Jahren, als ein in sich geschlossenes Ensemble von Gebäuden und Gärten. Die Priorei wurde in den Zustand versetzt, in dem sie zum Ende des 18. Jahrhunderts war, als sie noch von Augustinermönchen bewohnt wurde. Das Kloster zeigt sich in der Architektur des späten 17. Jahrhunderts, das Pförtnerhaus und das Gebäude für die Laienbrüder in der des 15. Jahrhunderts. 1910 ging das Rouge-Cloître in Staatsbesitz über, und heute gehört es als Kulturzentrum der Stadt Brüssel.

Etwa ein Dutzend Künstler, Glasbläser und Maler arbeiten hier in kostengünstigen Ateliers, die Landwirte des Klosters pflegen auch den sechs Hektar großen Park, dazu wird eine Reitschule betrieben. Und immer wieder gibt es Ausstellungen moderner Kunst.

Adresse Centre d'Art de Rouge-Cloître, Rue du Rouge-Cloître/Rood-Kloosterstraat 4, 1160 Brüssel (Auderghem/Oudergem), Tel. +32/(0)2/6605597, www.rouge-cloitre.be | **Anfahrt** Metro 5, Haltestelle Hermann-Debroux; Tram 44, Bus 74/72, Haltestelle Auderghem-Foret | **Öffnungszeiten** Centre d'Art: Di–Do, Sa, So 14–17 Uhr | **Tipp** Der über 4.000 Hektar große Wald mit seinen herrlichen Baumbeständen lädt zu ausgiebigen Spaziergängen ein.

50 Der Konzertsaal
Im Henry Le Bœuf klingt es aus der Unterwelt

Am 19. Oktober 1929 wurde der Konzertsaal Henry Le Bœuf eingeweiht, und seither konzertierte hier, wer in der Welt der klassischen Musik einen Namen hat, Rachmaninow und Strawinsky, Menuhin oder Barenboim, der hier im Alter von 14 Jahren ein Solokonzert gab. Dem Saal mit seinen 2.100 Sitzplätzen wird eine herausragende Akustik nachgesagt, erst recht nach seiner Generalrenovierung im Jahr 2000.

Der Konzertsaal ist nur einer von mehreren Veranstaltungsräumen im riesigen, 8.000 Quadratmeter großen Kulturpalast Bozar. Der Name Bozar ist die Lautschrift der französischen Bezeichnung (Palais des) Beaux Arts, Palast der Schönen Künste. Es ist der Versuch, sowohl französisch- als auch flämischsprachige Belgier anzusprechen. Geht man nach dem Publikumszuspruch, hat das geklappt: Das Bozar ist Zentrum des Brüsseler Kulturlebens, besonders der Konzertsaal Henry Le Bœuf.

Als Victor Horta das Palais zwischen 1920 und 1928 erbaute, ließ sich diese Erfolgsgeschichte nicht absehen. Im Gegenteil, es galt, erhebliche Widerstände zu überwinden: kein Grundstück, kein Interesse, kein öffentliches Geld. Private Mäzene sprangen schließlich ein, allen voran der Bankier Henry Le Bœuf (1874–1935) aus Schaerbeek. Die Stadt bot ein Hanggrundstück an, das als unbebaubar galt, und der König bestand darauf, dass ein möglicher Bau nicht die Aussicht aus seinem Stadtpalast am oberen Ende des Abhangs beeinträchtigen dürfe. Wer heute durch den Haupteingang am Fuß des ehemaligen Abhangs tritt, merkt von alldem nichts mehr, weder von den großen Finanzierungsproblemen noch von den Schwierigkeiten, das Grundstück zu bebauen. Das Haus wurde in den Berg hineingegraben. Der große Konzertsaal liegt deshalb praktisch unterirdisch. Auch das merkt niemand, der die Freitreppe ins Parkett hinaufschreitet. Nur wer die Logen im Balkon nutzt, könnte kurz irritiert sein, dass es von gefühlt ebenerdig noch zwei Stufen hinabgeht.

Adresse Großer Konzertsaal im Bozar, Rue Ravenstein 23, 1000 Brüssel, Tel. +32/(0)2/5078200, www.bozar.be | **Anfahrt** Metro 1/5, Tram 92/93/94, Haltestelle Gare Centrale / Centraal Station | **Öffnungszeiten** Di–So 10–18 Uhr, Do 10–21 Uhr | **Tipp** Unter der nahe gelegenen Place Royale und dem heutigen Schloss kann der Coudenberg besichtigt werden, die Grundmauern des 1731 abgebrannten Königspalastes aus dem 12. Jahrhundert mit der Aula Magna von Karl V.

51 Der Kräuterladen

Hier gehen auch Apotheker und Spitzenköche ein und aus

Die Geschichte der Kräuterhandlung Desmecht begann 1840 im alten flämischen Stadtviertel. Direkt neben Fischmarkt und der Sint-Katelijnekerk handelte die Familie Desmecht mit verschiedenen Mehlsorten, darunter das sogenannte Phosphatine, die erste Babynahrung in Pulverform. Der stolze Giebel des Bürgerhauses kündet von dieser Geschichte. Heute betreibt die Familie Desmecht zwei Reformhäuser im Zentrum, eines davon im Stammhaus.

Der spezielle Service der medizinischen Pflanzenhandlung zeigt sich erst im hinteren Raum des Stammhauses. Wie in einer alten Apotheke bestehen die Wände komplett aus Holzschubfächern. 500 Holzkästen sind es insgesamt. Gefüllt sind sie mit Kräutern aus der ganzen Welt, getrocknet oder gemahlen, zerstoßen oder am Stück. Hugo Desmecht mischt hier Tees, Medikamente und Gewürze, lauter kleine Aromabomben. Zu seinen Kunden zählt der Facharzt, der eine spezielle Salbe benötigt, ebenso wie Lionel Rigolet, der mit zwei Sternen gekrönte Küchenchef des Comme chez Soi, der einen speziellen Geschmack für eine seiner Kreationen sucht. Dazu kommen die unterschiedlichsten Kunden aus der Nachbarschaft und der ganzen Stadt. Die bestellen hier ganz persönliche Mischungen für individuelle Bedürfnisse. Das Angebot reicht vom besonderen Müsli (in Belgien selten zu bekommen) über sortenreinen Honig bis zu Biokosmetik. Die Liste der Kräuter führt von Absinth bis Zedoaire, zu Deutsch Zitwerwurzel oder auch »Giftheil«. Es gibt bekannte Kräuter wie Rosmarin oder Jasmin und weitgehend Unbekanntes wie Ashwagandha, zu Deutsch Schlafbeere.

Hugo Desmecht hat das Heilpraktiker-Diplom als staatliche Prüfung in Süddeutschland abgelegt, als einer der ersten Belgier übrigens. Tochter Ellen und Schwiegersohn Niels verfügen ebenfalls über entsprechende Ausbildungszertifikate. Es ist also davon auszugehen, dass die Mischung von traditionellem Handwerk und modernem Wissen bei Desmecht weiter gepflegt werden wird.

Adresse Herboristerie Desmecht, Place Sainte-Cathérine / Sint-Katelijneplein 10, 1000 Brüssel, Tel. +32/(0)2/5112959, www.desmecht.com | **Anfahrt** Metro 1/5, Haltestelle Sainte-Cathérine / Sint-Katelijne; Metro 3/4, Haltestelle Bourse / Beurs | **Öffnungszeiten** Di – Sa 9.30 – 18 Uhr | **Tipp** Schräg gegenüber befindet sich das Fischgeschäft Mer du Nord / Noordzee. Hier isst man zwar auf der Straße, dafür aber die besten Muscheln und Austern der Stadt. Auf Wunsch mit einem Glas eisgekühltem Weißwein oder Champagner.

52 _ Der Kubus
Konferieren im Innern des Kunstbergs

Der spektakuläre Glasbau besticht besonders bei Dunkelheit, dann, wenn er weithin sichtbar bläulich illuminiert ist und wie ein eckiger Edelstein am Kunstberg thront. Der dreistöckige, 16 Meter hohe Glaswürfel steht über dem in den Kunstberg eingelassenen Haupteingang des 2009 eröffneten neuen Kongresszentrums, das nach siebenjähriger Planungs- und Bauphase an die Stelle des im Zuge der Weltausstellung von 1958 errichteten ehemaligen Palais des Congrès getreten ist. Jetzt wurde er grundlegend erneuert und von der Kapazität her mehr als verdoppelt. Ein zweiter Eingang in den Kubus führt über eine höher gelegene Terrasse. Die Glaskonstruktion des Kubus, die wie die Verästelung eines Baumes wirkt, transparent und lichtdurchflutet, mit sichtbaren Rolltreppen und Laufstegen, korrespondiert mit der Gartenlandschaft des Architekten René Pechère (1908–2002). Der Kubus ist Flaggschiff für das insgesamt 52.000 Quadratmeter große Kulturforum und beansprucht, den Mont des Arts optisch in die Moderne zu transportieren, als zentraler Eingangsbereich ähnlich der gläsernen Pyramide des Pariser Louvre oder dem Apple Cube des Apple Store in der 5th Avenue in New York.

Das 70 Millionen Euro teure »Square«-Projekt wurde unter Einbeziehung der Substanz des alten Palais des Congrès vom prominenten, 1983 gegründeten Brüsseler Architekturbüro A.2R.C entwickelt und umgesetzt. Auf 13.000 unterirdischen Quadratmetern befinden sich 27 Konferenzräume jeder Größenordnung. Dazu kommen 3.700 Quadratmeter Ausstellungsfläche für Empfänge, Modenschauen und Events aller Art, geräumige Foyers, ein Restaurant, die Brasserie mit Terrasse und ein Ballsaal mit Blick über Brüssel. Viele der jeweils in einer Farbe gehaltenen multifunktionalen Säle und Räume haben Tageslicht. Bestechend sind die von Grund auf restaurierten überdimensionalen Wandgemälde im Foyer von Paul Delvaux, René Magritte und Louis van Lint aus den 1960er Jahren.

Adresse Square Brussels Meeting Centre, Rue du Musée/Museumstraat 8, 1000 Brüssel, Tel. +32/(0)2/5151300, www.squarebrussels.com | **Anfahrt** Metro 1/5, Haltestellen Gare Centrale/Centraal Station und Parc/Park; Bus 38/71, Haltestelle Royale | **Öffnungszeiten** von außen immer zu besichtigen | **Tipp** Einige Schritte bergauf (Rue du Musée 8) stößt man auf das sechs Meter hohe, in einem Bassin installierte mobile Kunstwerk »Whirling Ear« des US-amerikanischen Bildhauers Alexander Calder (1898–1976) von 1958.

53 Der Kulturpalast
Rauschende Feste im botanischen Glaspavillon

Le Botanique – kurz »le Bota« genannt – ist eine Brüsseler Institution mit wechselvoller Geschichte. 1829 wurde der Glaspalast des Architekten Charles-Henri Petersen (1792–1859) als Orangerie eines neuen botanischen Gartens nach dreijähriger Bauzeit eingeweiht. Eine Initiative wohlhabender Bürger hatte das Gelände, die Gebäude und die Anlage eines Parks an der Kreuzung Rue Royale und Stadtring finanziert und der Stadt geschenkt. Der Schriftsteller Victor Hugo bezeichnete den gläsernen Palast als Weltwunder. Tagsüber wurden im Gewächshaus Blumen gezüchtet und en gros verkauft – abends feierte die bürgerliche Elite große Bälle und genoss Konzerte.

1870 übernahm der Staat Belgien das Gelände, machte es zum Nationalen Botanischen Garten und stattete es mit dem damals berühmten Herbarium des Münchener Naturforschers Carl Friedrich Philipp von Martius (1794–1868) aus. Die Gewächshäuser dienten nun vor allem der Agrarforschung. Der bekannteste Erfolg dieser Forschung ist die Züchtung von Chicorée/Witloof, der heute nicht mehr wegzudenken ist aus der belgischen Küche. 1958 wurde der Nationale Botanische Garten aus dem Zentrum in den Vorort Meise verlegt, der Glaspalast nicht mehr genutzt. Eine schwierige Zeit begann, die beinahe mit dem Abriss dieses Kleinods geendet hätte. Erst 1984 wurde Le Botanique wieder eröffnet, nun als reines Kulturzentrum.

Jährlich finden hier rund 300 Konzerte statt. Der Hauptsaal in der Orangerie bietet rund 700 Menschen Platz; einem Amphitheater ähnlich hat die Bühne der »Rotonde« 250 Plätze, und die Witloof-Bar bietet 200 Stehplätze. Die intime Atmosphäre schätzten schon Musiker wie Oasis, Prince oder Lou Reed. Die Festivalsaison in Brüssel wird jedes Jahr im Mai mit den »nuits botaniques« eröffnet, zehn Tage mit etwa 60 Konzerten. Im Haus befinden sich das Café Bota, ein Museum und eine Galerie, die vor allem für Fotoausstellungen genutzt wird.

Adresse Botanique, Rue Royale/Koningsstraat 236, 1210 Brüssel (Saint-Josse/ Sint-Joost), Tel. +32/(0)2/2183732, www.botanique.be | **Anfahrt** Metro 2/6, Tram 92/93, Bus 61, Haltestelle Botanique/Kruidtuin | **Öffnungszeiten** Garten und Café Bota sind tagsüber geöffnet, die Säle je nach Veranstaltung | **Tipp** Der »Cirque Royale« ist ein weiterer runder Konzertsaal (Rue de l'Enseignement/Onderrichtstraat 81).

54 Die Kuppel
Der Justizpalast und der Größenwahn Leopolds II.

Der Besucher, der nach dem Passieren des 40 Meter hohen Portals und der anschließenden Sicherheitsschleusen die gigantische Eingangshalle des Brüsseler Justizpalastes betritt, wird schlagartig ganz klein. Ein riesiger Raum tut sich auf, mächtige Freitreppen führen in die oberen Etagen, turmhohe Säulen mit strengen Kapitellen ragen hinauf zur 100 Meter hohen Kuppel. Wie beruhigend, dass in verschiedenen Ecken dieses Baumonsters und in einigen Nischen Anwälte und Klienten an langen hölzernen Tischen sitzen, beschienen vom fahlen Licht kleiner grün beschirmter Schreibtischlampen. Lebendige Menschen in diesem alles zu verschlingen scheinenden Kosmos, der die Menschen allein durch seine Gigantomanie in die Schranken weisen sollte und stets Gesetzestreue einforderte. So wollte es der machtbesessene König Leopold II., als er dem Architekten Joseph Poelaert (1817–1879) den Auftrag erteilte, diesen größten Brüsseler Bau des 19. Jahrhunderts für stolze 50 Millionen Francs zu realisieren. Größer als der römische Petersdom sollte der Justizpalast werden, auf 26.000 Quadratmetern gibt es rund 30 Verhandlungssäle, 250 Räume und zahlreiche Innenhöfe.

Bis heute ist der Justizpalast, der zwischen 1866 und 1883 gebaut wurde, in vollem Betrieb und stets umstritten. Nicht nur wegen des wilden Mixes aus verschiedenen Baustilen mit klassizistischen und barocken Elementen, mit griechischen Tempelanleihen, römischen Säulen, pathetischen Friesen und Figuren des Historismus, des Barocks und der Neorenaissance, sondern vor allem wegen der Rigorosität seiner Entstehung. Rund 3.000 Häuser des Marollen-Viertels, dieses klassischen Quartiers der Arbeiter und kleinen Leute, wurden dem Palast geopfert. Der Architekt selbst, ein Liebling Leopolds II., aber von den Brüsselern als »schieve architek«, als »krummer Hund«, geschmäht, starb vor der Fertigstellung dieses seines größten Bauwerks, nachdem er zuvor den Verstand verloren haben soll.

Adresse Palais de Justice, Place Poelaert 1, 1000 Brüssel | **Anfahrt** Metro 2/6, Haltestelle Louise/Louiza; Tram 92/94, Haltestelle Place Poelaert | **Öffnungszeiten** Mo–Fr 8–17 Uhr, im Juli geschlossen | **Tipp** Anschauen sollte man sich die 25 Meter hohe Kongresssäule an der Place du Congrès, 1850 ebenfalls von Joseph Poelaert und fünf Bildhauern errichtet, die an den Verfassungskonvent von 1830 erinnert.

55 Das L'Archiduc
Jazzkneipe mit spezieller Vergangenheit

Das L'Archiduc ist so etwas wie das Eingangstor in das heute wieder sehr trendige Dansaert-Viertel. Und das L'Archiduc war irgendwie schon immer da, obwohl das Lokal nicht nur gute Zeiten gesehen hat. Am Wochenende kann es richtig voll werden, besonders bei Livekonzerten.

1937 gründete eine gewisse Madame Alice das L'Archiduc, ein Etablissement, in dem sich, wie es hieß, Banker und Broker aus der nahen Börse mit ihren »Sekretärinnen« trafen, um sich in den Separees zu vergnügen. Die Tür aus Glas und Eisen wie die Eingangsklingel daneben stammen noch aus der Zeit, als auch schon Musik und Getränke serviert wurden, das Geschäftsmodell aber ein anderes war. Das L'Archiduc gab sich diskret, und Ehefrauen fanden keinen Einlass. 1953 übernahm die belgische Jazzikone Stan Brenders das Lokal. Brenders, der mit Django Reinhardt und Nat King Cole gespielt hatte, saß hier fast jede Nacht an seinem Flügel, zur großen Freude der Gäste. Die Separees verschwanden, aber die restliche Einrichtung – von der kleinen Bar über die tiefen Ledersessel bis zum halbrunden Balkon – blieb im Art-déco-Stil der 30er Jahre erhalten. Berühmte Musiker haben in dem eher kleinen Raum hinter der türkisfarbenen Fassade gejammt, der berühmte und 2016 verstorbene Toots Thielemans natürlich, aber auch schon Miles Davis.

1985 übernahmen Jean-Louis und Nathalie Hennart das Lokal und führen seitdem die Tradition fort. Der Flügel steht weiter mitten im Raum. Wer sich traut und vor allem spielen kann, darf ihn benutzen. Besonders an Wochenenden treten regelmäßig Livebands auf und spielen in erster Linie Jazz. Als Jazz firmiert dabei alles, was nicht dezidiert in eine andere musikalische Schublade gehört. Im Winter gibt es dazu samstags »Jazz after shopping« und sonntags »Round about five«, jeweils von fünf bis sieben Uhr. Berühmt ist das L'Archiduc auch für die Qualität der Drinks.

Adresse Rue Antoine Dansaert 6, 1000 Brüssel, Tel. +32/(0)2/5120652, www.archiduc.net | **Anfahrt** Tram 3/4/32 und Bus 86, Haltestelle Bourse/Beurs | **Öffnungszeiten** täglich 16–5 Uhr | **Tipp** Eine weitere Jazzkneipe, das Music Village, liegt wenige Meter entfernt in der Rue des Pierres/Steenstraat 50, und neben der Börse gibt es das Ancienne Belgique und die Beursschouwburg für größere Konzerte.

56 Das Lager
Antiquitäten stapelweise

Brüssel ist berühmt für die große Zahl an Geschäften für Altertümer aller Art. Das Antiquitätenviertel beginnt am Sablon und führt über die beiden Parallelstraßen Rue Haute und Rue Blaes Richtung Midi bis zum Flohmarkt auf der Place du Jeu de Balle. Die meisten Geschäfte sind spezialisiert, sei es auf eine Zeitepoche und Stilrichtung, sei es auf bestimmte Objekte, Lampen oder Möbel. Die Galerie des Minimes ist da ein bisschen anders. Auf den ersten Blick hat man den Eindruck eines völlig planlosen, dafür riesigen Durcheinanders, so als habe jemand, ohne nachzudenken, vollkommen willkürlich die unterschiedlichsten Möbel und Gegenstände in eine Halle gestopft und gestapelt. Betritt man die verwinkelten Räume, die sich über mehrere Halbetagen erstrecken, bewegt man sich automatisch vorsichtiger, um nur ja nichts umzustoßen.

Schaut man etwas genauer hin, zeigt sich allerdings, dass aus den Sofas, Tischen und Schränken kleine Einheiten, ähnlich einzelnen Zimmern, arrangiert wurden. Es gibt große und kleine Möbel für drinnen und draußen, edle Hölzer mit feinen Intarsien und auch deutlich Angestoßenes, es gibt Steh- und Tischlampen, auch Kronleuchter aus Kristall- oder Muranoglas, dazwischen Bilder verschiedenster Stilrichtungen, Tapisserien oder ausgestopfte Steinböcke, Kirchengestühl neben Degen und alten Pistolen, Marmorsäulen und Bronzestatuen. Im Notfall findet sich wahrscheinlich irgendwo auch ein Flugzeugpropeller und so bleibt insgesamt der Eindruck eines großen Sammelsuriums, das sich in dieser Art und Fülle wohl selten findet. Die wenigsten Stücke sind mit einem Etikett mit einem festen Preis ausgezeichnet, aber sie haben durchaus einen. Die Zeit der großen Schnäppchen auf dem Antiquitätenmarkt ist allerdings vorbei. Die Händler sind Profis. Sie wissen, was sie zeigen und was die Ware wert ist. Aber natürlich kann es nicht schaden, über den Preis zu diskutieren und zu verhandeln.

Adresse Galerie des Minimes, Rue des Minimes/Miniemenstraat 23, 1000 Brüssel, Tel. +32/(0)2/5112825, www.galeriedesminimes.com | **Anfahrt** Tram 92/93, Haltestelle Petit Sablon; Bus 27/48/95, Haltestelle Grand Sablon | **Öffnungszeiten** täglich 10–18 Uhr | **Tipp** Auf der Place du Jeu de Balle findet täglich Brüssels berühmtester Flohmarkt statt. Von Ramsch bis Kunst, von spottbillig bis edel gibt es hier alles.

57 Der Lautsprecher
La Pasionaria – dem Volk eine Stimme geben

Brüssel ist ein Schmelztiegel. Menschen unterschiedlicher Nationalitäten und sozialer Herkunft treffen mitunter hart aufeinander. Kaum irgendwo ist das so auffällig wie am Bahnhof Midi. Hier Geschäftsleute auf dem Weg zum Schnellzug Thalys nach Paris oder zum Eurostar nach London, da Verkäufer von gefälschten Hèrmes-Taschen oder dunkelhäutige Menschen auf der Suche nach heimischen Lebensmitteln in den billigen Läden ringsum.

Exakt hier, auf der Kreuzung Stalingrad/Midi, hat der spanischstämmige Brüsseler Künstler Emilio López-Menchero 1960 sein Kunstwerk installiert. Das überdimensionierte Horn ist ein Lautsprecher, vier Meter lang und mit einer Schallöffnung, die 2,30 Meter im Durchmesser misst, gefertigt aus zehn Millimeter starkem, poliertem Edelstahl. Neun Stufen führen auf eine Plattform, und jeder ist aufgefordert, Freude oder Ärger, Glück oder Wut durch den Lautsprecher herauszuschreien und mit der Welt zu teilen. Gewidmet ist das Kunstwerk allen Migranten. Sein Zweck: dem Volk (s)eine Stimme geben.

Die Skulptur hatte es ein reales Vorbild. Im Spanischen Bürgerkrieg fuhr ein Lastwagen mit riesigem Lautsprecher die Front ab, um die Soldaten im Kampf gegen die Franco-Faschisten zu motivieren. Übertragen wurden Reden von Dolores Ibárruri, genannt La Pasionaria. Darin immer ihr berühmter Satz »No pasaran – Sie werden nicht durchkommen« mit der Aufforderung an alle Republikaner, das Land und Madrid zu verteidigen. Der Film »Spanische Erde« des niederländischen Dokumentarfilmers Joris Ivens zeigt den Lkw. Texter und Sprecher des Films: Literaturnobelpreisträger Ernest Hemingway.

Das darauf bezogene Kunstobjekt »La Pasionaria« wurde im Juli 2006 zum 40. Jahrestag der marokkanischen Immigration nach Belgien eingeweiht. Viele belgische Demonstrationen enden auf diesem Platz. Dann zeigt sich, dass der Lautsprecher nahezu ebenso leistungsfähig ist wie elektrisch verstärkte Megafone.

Adresse Avenue Stalingrad 128, 1000 Brüssel | **Anfahrt** Metro 2/6, Haltestelle Gare de Midi / Zuidstation; Tram 3/4/32, Haltestelle Lemonnier | **Öffnungszeiten** immer zugänglich | **Tipp** Freitagnachts geht man zu Miguel Fernandez ins El Rincon de España (Rue de l'Abbatoir / Slachthuisstraat 43), um authentischen Flamenco zu hören. Manchmal singt Miguel selbst, häufiger spielen erstklassige Flamenco-Gitarristen.

58 Das Le Cirio

Das Jugendstilcafé mit unverändertem Flair

Direkt neben der Börse erwartet mancher vielleicht eine Touristenfalle, aber das ist das Le Cirio nicht. Im Gegenteil. Zwar genießen im Straßencafé unter Balkon und Markise auch viele Touristen Aussicht, Sonne (so vorhanden) und Getränke, aber spätestens auf den roten Veloursbänken im Innenraum sitzen vor allem Einheimische. Das liegt ebenso am klassischen Brüsseler Brasserie-Café-Flair wie an den angebotenen Speisen und Getränken. Kleine Snacks, Bistroküche und typische Tellergerichte, wie das Schmorfleischgericht Carbonade flamande. Selbstverständlich werden zum Bier (egal, welcher Sorte) Cacahuètes (Erdnüsse) oder Salzgebäck gereicht.

Das Le Cirio strahlt Tradition nicht nur aus, es hat sie. Und ein Hausgetränk, das »half-en-half«, eine 50/50-Mischung aus Champagner und Weißwein. Bestellt wird der Drink, eine Brüsseler Seltenheit, auf Flämisch wie auf Französisch gleich: une / een halfenhalf. Über die Entstehung gibt es verschiedene mehr oder weniger plausible Erzählungen. Zu den wahrscheinlichsten gehört, der Drink ginge auf Börsenmakler zurück, die sich nach einem wenig glücklichen Tag den ganzen Champagner nicht mehr leisten konnten. Das Le Cirio beruft sich darauf, dass Jacques Brel hier regelmäßig sein halfenhalf trank. Ob der tatsächlich ein halfenhalf-Trinker war? Wer weiß das schon? Ins Ambiente hätte er gepasst.

Die Jugendstilfassade, die Einrichtung, die vergoldeten Säulen, die Vertäfelung, die Theke und die Spiegel stammen aus dem Jahr 1909, entworfen vom Brüsseler Dekorateur Henri Coosemans. Sie stehen unter Denkmalschutz. Das Haus selbst ist noch älter: Es wurde 1886 von Francesco Cirio (1836–1900) als italienisches Restaurant gegründet. Cirio, eigentlich Konservenproduzent, betrieb damals in mehreren europäischen Großstädten Restaurants, unter anderem in Berlin. Heute gibt es nur noch das Le Cirio in Brüssel. Und noch ein Tipp: Ein Blick in die Toiletten lohnt. Dort hängen Eau-de-Cologne-Automaten aus dem Jahr 1909.

Adresse Rue de la Bourse/Beursstraat 18–20, 1000 Brüssel, Tel. +32/(0)2/5121395 | **Anfahrt** Metro 3/4, Tram 32, Haltestelle Bourse/Beurs | **Öffnungszeiten** 10–24 Uhr | **Tipp** Zu empfehlen ist auch das historische, 1914 im Jugendstilambiente eingerichtete Lokal Greenwich in der Rue des Chartreux/Kartuizersstraat 7. Die Rue Chartreux und die Place Saint-Gery sind *das* Ausgehviertel.

59 __ Das Mahnmal
Le Messager erinnert an die Morde des Marc Dutroux

Betritt man den großen, malerischen Parc de Bruxelles, zwischen dem Königlichen Schloss und dem Parlamentsgebäude gelegen, bietet sich meist das gleiche Bild: Jogger, spielende Kinder, flanierende Liebespaare. Eine entspannte Atmosphäre in der 1774 geometrisch angelegten Stadtoase, umgeben von zahlreichen Skulpturen – griechische Götter, römische Kaiser, Sagengestalten – rund um den weit ausladenden Springbrunnen und entlang der teilweise kunstvoll überrankten Wege.

Und dann stößt der Besucher auf der Seite des zwischen 1779 und 1783 gebauten klassizistischen Palais de Nation (Sitz der Abgeordnetenkammer und des Senats in der Nordwestecke des Parks) nahe einem Kinderspielplatz auf eine zwei Meter hohe Bronzestatue der ganz anderen Art. Eine geöffnete Hand lässt einen Vogel frei und aufsteigen. Auf dem Sockel steht in verschiedenen Sprachen: »Le Messager« und »Der Bote« – »Für die verschwundenen Kinder«. Das Mahnmal erinnert an eines der düsteren Kapitel jüngerer belgischer Geschichte, das weltweit für Entsetzen sorgte und Belgien teilweise in Schockstarre versetzte: die Mitte der 1990er Jahre bekannt gewordenen Verbrechen und Morde des Marc Dutroux und seiner Mittäter, die mehrere Kinder entführt, missbraucht und ermordet hatten. Und immer wieder die Vermutung, die Kinderschänder hätten Mitwisser und Kumpane bis in die höchsten Politiker- und Justizkreise des Landes gehabt. Sicher war: Die untereinander konkurrierenden Polizei- und Justizbehörden hatten auf der ganzen Linie versagt.

»Le Messager« wurde 1997 auf Initiative der Tageszeitung La Libre Belgique vom Brüsseler Grafiker, Maler und Bildhauer Jean-Michel Folon (1934 – 2005) geschaffen. Zur Enthüllung des Mahnmals erschienen auch König Albert und Königin Paola. Zeitgleich tagte wenige Meter entfernt der Dutroux-Untersuchungsausschuss des Parlaments, in dem es an diesem Tag um die Mitwisserschaft von Politik und Justiz in diesem Verbrechensdschungel ging.

Adresse Parc de Bruxelles (zwischen Palais de la Nation/Parlament und Palais Royal), 1000 Brüssel | **Anfahrt** Metro 1/5, Haltestelle Parc/Park; Tram 92/94, Haltestelle Palais oder Parc/Park | **Öffnungszeiten** immer zugänglich | **Tipp** Im nordöstlichen Teil des Parks steht das 1782 erbaute Théâtre Royal du Parc. Außerdem lohnt eine Fahrt zur Fondation Folon, wo der Künstler in einem eigenen Museum im Parc Solvay gewürdigt wird (Drève de la Ramée 6/A, 1310 La Hulpe).

60   Das Maison Cauchie
Ein Haus als Werbebanner

Paul Cauchie (1875–1952) ist sicher nicht der einzige Maler, der sein Wohnhaus als Architekt selbst entworfen hat. Aber sein Haus ist einzigartig.

Die Fassade des Hauses ist grafisch und streng linear konzipiert und orientiert sich am Glasgow-Stil von Charles Mackintosh (1868–1928). Anders als im belgischen Jugendstil sonst üblich – das Haus wurde 1905 gebaut – hat es weder florale Elemente, noch wurden teure Materialien wie Marmor oder Blaustein verwendet. Stattdessen besticht es durch einen speziellen Putz, der aussieht wie eine mit großen Bildern im Stil des britischen Jugendstilzeichners Aubrey Beardsley (1872–1898) bemalte Leinwand. Tatsächlich handelt es sich um sogenannte Sgraffiti, eine spezielle Putz- und Stuckateurtechnik, in Italien seit der Renaissance bekannt. Die Frauengestalten um das runde Fenster im Obergeschoss symbolisieren die Architektur, die bildende Kunst und die angewandten Künste.

Das Haus war ein Manifest, das die Avantgardekunst von Cauchie und seiner Frau Caroline Voet (1877–1969) ausstellte, gedacht als Werbemaßnahme für ihre gemeinsame Arbeit. Das Gebäude war einerseits Wohnhaus und Rückzugsort des Künstlerpaares – sinnfällig in der Inschrift »par nous – pour nous« (von uns – für uns) im Fassadenbild des ersten Stockwerks –, andererseits aber auch Atelier und Verkaufsausstellung. Die beiden Tafeln im Erdgeschoss zeigen, was Kunden bei der Firma Cauchie bestellen konnten, von Möbeln über Innen- bis zu Fassadendekoration.

Nach dem Tod von Caroline Voet 1969 wäre auch dieses Haus beinahe zugunsten eines Appartementbaus abgerissen worden. In buchstäblich letzter Sekunde konnten die derzeitigen Besitzer Guy und Leo Decissy es erwerben und retten. Nach aufwendigen Renovierungen sollte das Tintin-Museum hier einziehen. Die Pläne zerschlugen sich aber. Und so wurde das Souterrain zu einem kleinen Museum, in dem sich Möbel und zahlreiche weitere Sgraffiti finden.

Adresse Rue des Francs / Frankenstraat 5, 1040 Brüssel, Tel. +32/(0)2/73386 | **Anfahrt** Tram 81, Bus 22/27/61/80, Haltestelle Merode | **Öffnungszeiten** am ersten Wochenende des Monats 10–13 und 14–17.30 Uhr | **Tipp** Das ehemalige Hôtel Cohn-Donnay beherbergt seit 1981 die Brasserie De Ultieme Hallucinatie. Der inzwischen verstorbene Kneipier Fred Dericks hatte den leer stehenden Art-nouveau-Palast von 1904 gekauft und aufwendig restauriert (Rue Royale / Koningsstraat 316).

61 Die Mall
Der Clou des 19. Jahrhunderts

Mancher wird den Begriff Shoppingmall despektierlich finden, aber als genau das ist die schöne Luxuspassage geplant und gebaut worden. Sie besteht aus zwei eigenständigen Gebäuden, der Galerie des Königs und der Königin, mittig werden die beiden zusammen 213 Meter langen Passagen von einer Straße getrennt. Jeweils ein gerader Gang mit Geschäften zu beiden Seiten im Erdgeschoss, darüber zwei weitere Etagen, von denen die obere bis heute Privatwohnungen vorbehalten ist. Natürliches Licht fällt durch das geschwungene Glasdach, damals optisch wie technisch eine ungeheure Neuerung. Mit der ein Jahr jüngeren Passage in St. Petersburg wurden die Brüsseler Galeries Royales Saint-Hubert so zum Vorbild für die Galleria Vittorio Emanuele II in Mailand oder das Moskauer GUM, aber auch für alle modernen Einkaufspaläste.

Der niederländische Architekt Jean-Pierre Cluysenaar (1811–1880) hatte die Idee, den engen bebauten und übel beleumundeten Innenstadtabschnitt zwischen Grasmarkt und Gartenkräuterberg durch eine Einkaufsstraße zu ersetzen. So sollte die Brüsseler Unterstadt für »höhere Gesellschaftsschichten« attraktiv werden. Cluysenaar und der Banker Jean-André Demot gründeten 1836 die Société des Galeries Saint-Hubert. Das Projekt gestaltete sich schwierig, stand mehrfach auf der Kippe. Neun Jahre mussten die beiden verhandeln, um alle Eigentumsrechte im Quartier hinter der Grand-Place zu klären. Im Frühjahr 1846 konnten die Bauarbeiten schließlich beginnen.

Nur ein Jahr später, im Juni 1847 eröffnete König Leopold I. persönlich die Passage. Ein Coup des Bauherrn: Eine bessere Werbung für das kühne Projekt war kaum vorstellbar. Brüssel war über Nacht mondän, zeigte das Flair einer Metropole. Bis heute haben alle großen Chocolatiers der Stadt hier ihre »Flagship-Stores«. Es gibt Theater, Leder- und Pelzgeschäfte, Juweliere, den Hutmacher Monsel, Brüssels ältestes Geschäft für Spitzen und dazwischen elegante Straßencafés.

Adresse Galerie du Roi/Koningsgalerij 5, 1000 Brüssel | **Anfahrt** Metro 1/5, Bus 29/38/63/65/66/71, Haltestelle Gare Centrale/Centraal Station; Tram 92/93, Bus 27/38/71/95, Haltestelle Royale | **Öffnungszeiten** immer zugänglich | **Tipp** Das Filmmuseum Cinematek in der Rue Baron Horta 9 zeigt in zwei Sälen Filme aus einem Bestand von über 60.000 Streifen.

62 _ Der Marcolini
Wenn aus Schokolade Kunst entsteht

Schweizer und Franzosen mögen verzeihen, aber die beste Schokolade gibt es nun einmal in Brüssel. Und der große Künstler unter den zahlreichen Brüsseler Chocolatiers ist Pierre Marcolini. Mag Neuhaus mit dem »Ballotin« 1915 die sichere Verpackung für Pralinen und damit das Geschäftsmodell erfunden haben, mag der griechischstämmige Leonidas Kestekides den größten Umsatz machen, mögen Wittamer, Godiva und Galler bekannter sein, die Maßstäbe in Qualität und Geschmack setzt Pierre Marcolini.

1964 als Sohn italienischer Eltern in Charleroi geboren, war sich Marcolini früh seiner Passion für die Patisserie bewusst. Er lernte bei den Großen der Zunft und wurde 1995 zum Weltmeister gekürt. Im selben Jahr eröffnete er sein erstes Geschäft in Brüssel. Und das veränderte die Welt der Schokolade und der Patisserie radikal. Hier gab es keine Barren oder Tafeln – Marcolini präsentierte Kunstwerke.

Die Auslagen erinnern an einen Juwelier. Jedes Jahr kommen zwei Kollektionen auf den Markt, wie bei Pariser Modecouturiers. Sommer und Winter: die Geschmäcker den Jahreszeiten angepasst. Dazu immer neue Aromen und Kombinationen. Ob Pfeffer, Jasmin, grüner oder schwarzer Tee, vieles passt zu Schokolade, wenn man weiß, wie. Und wenn die Schokolade wirklich selbst und aus erlesensten Zutaten hergestellt wird. Marcolini bereist die ganze Welt auf der Suche nach dem besten Kakao und kauft direkt beim Erzeuger. Seine Devise: Nur mit viel Sorgfalt lassen sich beste Kakaobohnen produzieren, und das hat seinen Preis. Das gilt allerdings auch für seine Produkte. Ein Schokoladenquadrat kostet 7,50 Euro, ein selbst gemachtes Eis mit frischer Kuvertüre drei.

Heute ist Marcolini ein kleines Schoko-Imperium mit 350 Mitarbeitern und 30 Geschäften weltweit, davon allein acht in Brüssel. Das Herzstück aber bleibt das Stammhaus in der Rue du Minimes am Sablon.

Adresse Rue des Minimes/Miniemenstraat 1, 1000 Brüssel, Tel. +32/(0)/25141206, www.marcolini.com | **Anfahrt** Tram 92/93, Haltestelle Petit Sablon; Bus 27/48/95, Haltestelle Grand Sablon | **Öffnungszeiten** Mo–Do und So 10–19 Uhr, Fr, Sa 10–20 Uhr | **Tipp** Im »La Manufacture« (Grand Sablon/Grote Zavel 39) kann man die Produktion der gar nicht so süßen Kunstwerke beobachten. Anders, roher, aber ebenfalls sehr zu empfehlen sind die Pralinen von Laurent Gerbaud in der Rue Ravenstein 2d.

63 Die Marienfigur
Die Muttergottes und der Ommegang

Was heute mit dem Ommegang zu den gesellschaftlichen Höhepunkten im Jahreskalender Brüssels gehört, war ursprünglich eine religiöse Prozession mit einer ganz besonderen Geschichte. Sie ist eng verbunden mit der Kirche Notre-Dame du Sablon, einem Meisterwerk belgischer Frühgotik, und dem Namen einer Frau, die heute im Trubel der Ommegang-Feierlichkeiten nur noch am Rande Beachtung findet: Beatrijs Soetkens. Ihr erschien der Legende nach 1348 die Jungfrau Maria und forderte sie auf, eine wunderwirkende Madonna aus Antwerpen zu rauben und nach Brüssel zu bringen. Die Statue sollte in der kleinen, 1304 auf einem Sandhügel vor den Toren der Stadt erbauten Kapelle der Gilde der Armbrustschützen im Sablon-Viertel aufgestellt werden, als Schutz auch gegen die Brabant heimsuchende Pest. Mit Hilfe eines Schiffers gelang es der frommen Frau, die Marienfigur in einem kleinen Boot über Schelde und Senne nach Brüssel zu bringen. Fortan wurde die Marienfigur die Schutzpatronin der Armbrustgilde, die zum Dank eine jährliche Prozession gelobte, in der die Statue »um die Kirche herum« und in die Stadt getragen wurde. Die Wunder-Madonna zog immer mehr Gläubige an. Ein Grund für die reiche Armbrustschützengilde, zu Beginn des 15. Jahrhunderts die Kapelle durch einen neuen, repräsentativen, reich ausgestatteten Sakralbau zu ersetzen: Notre-Dame du Sablon. Heute ist die Marienfigur – inzwischen eine Replik aus dem 17. Jahrhundert, nachdem das Original durch die bilderstürmenden Calvinisten zerstört worden war – im rechten Seitenportal der Kirche zu sehen.

1549 entschied der Magistrat der Stadt Brüssel, zu Ehren Kaiser Karls V. und seines Sohnes Philipp II. eine feierliche Prozession des Adels und der Stände vom Sablon zur Grand-Place zu organisieren. Vorneweg zogen die Armbrustschützen mit der Wunder-Madonna. Aus dieser Parade entwickelte sich der 1930 vor allem auf Betreiben des Hochadels wiederbelebte Ommegang in seiner heutigen Form.

Adresse Notre-Dame du Sablon, Rue de la Régence / Regentschapsstraat 38, 1000 Brüssel | **Anfahrt** Metro 2/6, Haltestelle Porte de Namur / Naamsepoort; Tram 92/93, Haltestelle Petit Sablon; Bus 27/48/95, Haltestelle Grand Sablon | **Öffnungszeiten** täglich 9–18.30 Uhr | **Tipp** Sehenswert ist die Gruft der Familie von Thurn und Taxis aus dem 17. Jahrhundert. Sie hatte das Monopol der kaiserlichen Reichspost inne und machte Brüssel zum Zentrum der Postdienste, bis sie im 18. Jahrhundert nach Regensburg übersiedelte.

64 _ Das Marionettentheater
Stockpuppen spielen die Belgische Revolution

Wer Brüssel und die Belgier verstehen will, der muss ins Théâtre Toone. Wer eine Menge Spaß haben will, auch. Die kleine Bühne ist Herz und Seele der Stadt. Direkt neben der Grand-Place und doch versteckt in einem Hinterhof führen zwei winzige Gassen zu den beiden Eingängen, das heißt zunächst direkt in die Kneipe: Brüssel ganz bei sich selbst. An den Wänden hängen handgeschnitzte Stockpuppen, in den Nischen finden sich gemalte Theaterszenen. Das Toone ist kein Kasperletheater, sondern ein Theater für Erwachsene. Mehr als 30 Stücke umfasst das Repertoire: Klassiker von Molière bis Shakespeare, von der Oper bis zu Goethes Faust. Nur eines wird es nie: bierernst.

Das Toone, inzwischen in der achten Generation bespielt, ist das letzte Puppentheater seiner Art. Es gab einst 60 derartiger Volksbildungsanstalten in Brüssel: Wer nicht lesen konnte, fand hier Literatur und Bildung. Wem zu Hause kalt war, der nutzte hier den Gemeinschaftsofen. Man warf seine paar Kohlen zusammen und sah pro Abend einen Akt. Nicht zu lang und zu kompliziert, so blieb Zeit, nach der Aufführung zusammen am Ofen zu hocken. Humorvoll wurden die Themen präsentiert: Probleme hatten die Zuschauer schon genug. Damit jeder die Inhalte verstand, wurde die Aufführung in Brüsseler Platt gesprochen. Heute weist das Programm »Français, Nederlands, Deutsch, English und Espagnol« aus; de facto werden die Sprachen einfach durcheinandergewürfelt: Brüsseler Platt eben. Und das kleine Museum, das in der Pause als Ausschank dient, hat das Ambiente originalgetreu erhalten.

Am »brüsseligsten« wird es, wenn der Spielplan die Belgische Revolution vorhält: laut und knallbunt. Eddy Merckx und der Sohn des Teufels spielen mit, natürlich Manneken Pis, und am Ende ist vieles besser erklärt als in manch schlauem Geschichtsbuch. Dazu noch ein paar Witze über den König, denn: Am liebsten lachen Brüsseler über sich selbst.

Adresse Théâtre Toone, Marché aux Herbes/Grasmarkt 66 (Impasse Pétronille) und Petite Rue des Bouchers/Korte Beenhouwersstraat (Impasse Schuddeveld 6), 1000 Brüssel, www.toone.be | **Anfahrt** Metro 1/5, Haltestelle Gare Centrale/Centraal Station; das Théatre Toone liegt in einer Fußgängerzone | **Öffnungszeiten** Spielbeginn Do–Sa 20.30 Uhr, Sa zusätzlich 16 Uhr; Reservierung: Tel. +32/(0)2/5117137 | **Tipp** Im Innenhof vor dem Theater gibt es eine muntere Außengastronomie.

65 Der Märtyrerplatz
Urbanes Rechteck ohne Rummel und Bohei

Was für ein schöner Platz, ein Kleinod – und doch von der Öffentlichkeit kaum wahrgenommen: erbaut im neoklassizistischen Stil in den Jahren 1774 bis 1778 nach Plänen des Architekten und Ingenieurs Claude Fisco (1736–1825), symmetrisch und gleichmäßig angelegt, überwiegend in Weiß gehalten, die opulenten Gebäude im Architekturstil Ludwigs XVI. Zudem ein geschichtsträchtiger Platz, ein Ort der Toten und der Märtyrer.

Und das bezieht sich auf die Ereignisse des Jahres 1830, die Septembertage der Belgischen Revolution. Die Stimmung in der Bevölkerung gegen die holländischen Besatzer war seit Langem aufgeheizt. Ab dem 25. August, im Anschluss an die Vorstellung der historischen Oper »La muette de Portici« von Daniel-François-Esprit Auber in der Brüsseler Oper, machte sie sich Luft. Der Funke sprang über: Vive la liberté! Gebäude wurden zerstört und geplündert, Fabriken besetzt, die belgische Flagge gehisst.

Die Situation geriet außer Kontrolle, der Aufstand wurde gewaltsam bekämpft. Hunderte Belgier fanden in den umliegenden Straßenkämpfen den Tod. 450 »Helden der Belgischen Revolution« wurden im Barrikadenkampf der Innenstadt erschossen und schließlich in der Mitte des Platzes der Märtyrer unterhalb einer Krypta begraben.

Den Toten der Revolution ist das Denkmal in der Mitte des Platzes gewidmet. Die »Patria« mit dem belgischen Löwen, der die Ketten der Unterdrückung sprengt, und den vier weinenden Frauen am Sockel entstand 1836 nach Plänen des Architekten Louis Roelandt (1786–1864). Der Bildhauer Guillaume Geefs (1805–1883) fügte zwei Jahre später die Skulpturen und eindringlichen marmornen Reliefs mit Szenen der Revolution im begehbaren Bereich unterhalb des Platzniveaus an. An der Südseite des Platzes setzte Henry van de Velde dem Revolutionsführer Louis-Fréderic de Merode ein Denkmal im Jugendstil.

Adresse Place des Martyrs / Martelarenplein, 1000 Brüssel | **Anfahrt** Metro 3/4, Haltestelle De Brouckère; Metro 2, Haltestelle Rogier; Tram 3/52/55/56/81, Haltestelle De Brouckère | **Öffnungszeiten** immer zugänglich | **Tipp** An der Place des Martyrs 22 befindet sich das Théâtre des Martyrs (Tel. +32/(0)2/2233208). Ironie der Geschichte: In einigen der geschichtsträchtigen Bauten, die Belgien als Staat repräsentieren, haben inzwischen Minister der flämischen Regionalregierung ihre luxuriösen Kabinette eingerichtet.

66 Das Matongé
Kinshasa im Zentrum Brüssels

An der Porte de Namur beginnt Afrika, genauer: das Matongé – ursprünglich der Name eines Viertels in Kinshasa, der Hauptstadt der Demokratischen Republik Kongo, nach dem der quirlige Stadtteil im Brüsseler Zentrum, im Schatten der modernen EU-Gebäude, benannt ist. Aus allen Geschäften des Matongé schallen afrikanische Rhythmen, in den Auslagen liegen Maniok, Kochbananen und Yams, überall stößt man auf knallbunte Mode und volle Friseurgeschäfte für Braids, Dreads und andere afrikanische Haarmoden. Telefonshops bieten günstige Tarife nach Accra, Abidjan oder Dakar an.

Bis 1958 war es Kongolesen nicht erlaubt, nach Belgien einzureisen. Zur damaligen Weltausstellung wurde erstmals ein Chor aus Kinshasa eingeladen. Die adelige Dame Monique van der Straten kümmerte sich im staatlichen Auftrag um die afrikanischen Gäste. Zum Abschied sagte sie: »Wer hier studieren will, ist gerne willkommen.« Das wurde zum Startschuss für eine neue Zeit. Im ersten Jahr waren es acht, dann 20, dann mehrere hundert studierwillige Menschen, die Madame van der Straten unterzubringen hatte. Zu diesem Zweck gründete sie das Afrikahaus, bis heute Kulturzentrum im Matongé und Wohnhaus für 72 Studenten. Diese »Maison Africaine« wurde zum Nukleus des Viertels. Der Anteil akademisch gebildeter Menschen in der afrikanischen Community ist bis heute überdurchschnittlich hoch, nicht jedoch deren gesellschaftliche Stellung oder Einkommen.

Zu den Kongolesen kamen später Menschen aus zahlreichen Staaten Schwarzafrikas hinzu. Viele wohnen auch längst nicht mehr im Dreieck Chaussée de Wavre, Rue de la Tulipe und Chaussée d'Ixelles. Aber das Matongé, egal wie häufig schon totgesagt, bleibt weiterhin der Treffpunkt. Im Zentrum liegen die Galeries d'Ixelles. Über deren beiden Eingängen (sie heißen, nach weiteren Vierteln von Kinshasa, »Kinzia« und »Kanda Kanda«) steht: »Lächeln Sie, Sie sind im Matongé.«

Adresse Dreieck Chaussée de Wavre/Waversesteenweg, Rue de la Tulipe und Chaussée d'Ixelles, 1000 Brüssel | **Anfahrt** Metro 2/6, Bus 34/54/80, Haltestelle Porte de Namur/Naamsepoort | **Öffnungszeiten** immer zugänglich | **Tipp** In der Chaussée de Wavre 59 steht das Mahnmal »Jenseits der Hoffnung« des kongolesischen Künstlers Freddy Tsimba von 2007. Zusammengesetzt aus überdimensionierten Patronen, soll es auf das Schicksal der Kindersoldaten aufmerksam machen. Zum Essen und Musikhören ist das Horloge du Sud (Rue du Trône/Troonstraat 141) zu empfehlen.

67_Das Moeder Lambic

Jederzeit 30 Biere aus dem Zapfhahn

Im Moeder Lambic einfach so ein Bier zu bestellen ist in etwa so, wie in einer Buchhandlung zu sagen: »Ich hätte gern ein Buch.« Etwas genauer darf es dann schon sein, es gibt hier deutlich über 100 Sorten und dazu noch ein paar Biercocktails. Hell oder dunkel, trüb oder klar, bitter oder eher süß, normal, stark oder auch richtig stark, Flaschengärung oder vom Fass, aus Brüssel, Belgien oder gar dem Ausland, Craftbeer oder Großbrauerei – das Angebot ist überwältigend. Es gibt eine Bierkarte, die mit Tages- und Wochenangeboten aufwartet, vor allem aber werden stets 30 verschiedene Biere frisch vom Fass vorgehalten.

Um des Trinkers Verwirrung komplett zu machen, gibt es nicht nur für jede Sorte Bier ein eigenes, zum Teil sehr eigenwillig geformtes Glas, es gibt auch mehrere Lokale mit dem Namen Moeder Lambic. Der Kneipenname hat in Brüssel Tradition. Das erste Chez Moeder Lambic stand zu Beginn des 20. Jahrhunderts etwas außerhalb, im Bois de la Cambre, und ist 1975 abgebrannt. Das zweite wurde Anfang der 1980er Jahre im Stadtteil Saint-Gilles eröffnet. Hier wurde die Tradition begründet, viele unterschiedliche Biere auszuschenken. Die Bierkarte wog glatt zwei Kilo. Leider war manches Flaschenbier aber doch schon etwas älter.

2006 übernahmen die heutigen Eigner das Lokal und gründeten gleich ein zweites. Groß, modern und stylisch ist das Moeder Lambic an der Place Fontainas im Zentrum, eher ein Platz zum Trinken. Klein und ursprünglich ist hingegen das Chez Moeder Lambic, das Stammhaus in Saint-Gilles. Beide verfolgen das Konzept, dass unterschiedliche Geschmäcker und Situationen eben auch unterschiedliche Biere erfordern. Es gibt ja auch nicht nur einen Wein. In Deutschland haben alle Biere ein Gebot, in Belgien hat jedes seine eigene Geschichte. Fragen Sie den Wirt. Und denken Sie daran: Viele belgische Biere sind stärker als das deutsche Pils, zum Teil erheblich.

Adresse Rue de Savoie 68, 1060 Brüssel (Saint-Gilles/Sint-Gillis), Tel. +32/(0)2/5441699, www.moederlambic.com | **Anfahrt** Tram 81/97, Bus 48, Haltestelle Barrière | **Öffnungszeiten** täglich 16–3 Uhr | **Tipp** Im Malting Pot in der Rue Scarron/Scarron-Straat 50 kauft man sein Bier flaschenweise. Das passende Bier für jeden Geschmack und zu jeder Stimmung. Eine Kiste mit nur einer Sorte wäre ein Sakrileg, Verrat an den vielen anderen Möglichkeiten.

68__Das MOOF
Hochburg der Schlümpfe

Schon von außen ist auf den ersten Blick klar, worum es beim MOOF, dem Museum of Original Figurines, geht. Fünf Meter hoch und über 900 Kilo schwer steht ein strahlend weißer Schlumpf direkt vor dem Eingang. Aufgestellt wurde er am 25. Juni 2012, dem Geburtstag des belgischen Zeichners Peyo, bürgerlich Pierre Culliford (1928–1992) und Erfinder der kleinen blauen Männchen.

Hinter dem Riesenschlumpf befindet sich der weltweit größte Fanshop von »Les Schtroumpfs«, wie sie im Original heißen. Im Haus links daneben, das gleichzeitig der Eingang zur Metro in der Galerie Horta ist, führt eine Rolltreppe ins Untergeschoss. Das MOOF wurde 2011 bewusst in Konkurrenz zum staatlichen Musée de la Bande Dessinée gegründet. Es ist kein Museum im eigentlichen Sinn, sondern vor allem Ausdruck von Fan-Sein. Auf 3.000 Quadratmetern hat der Gründer und Chef, Eric Pierre, Comicfiguren in allen nur erdenklichen Größen zu Szenen aus den Strips zusammengestellt. Nicht nur für die Schlümpfe / Schtroumpfs / Smurfs, sondern für alle berühmten Figuren der belgischen Zeichner gibt es Säle: für Gaston Lagaffe, für Spirou und das Marsupilami, für Lucky Luke, für Michel Vaillant, für Tintin und Milou und für all die anderen auch. Und weil Asterix nach den Worten seiner Schöpfer Uderzo und Goscinny in erster Linie Europäer ist, dürfen auch Asterix, Obelix und ein »echter« Zauberkessel nicht fehlen. Auf Fans, die etwas Zeit mitbringen, wartet ein kleiner Kinobereich: Hier laufen in Originallänge von 70 Minuten Zeichentrickfilme (»Die Schlümpfe«, »Tintin«, »Asterix« und »Lucky Luke«). Am Eingang lässt sich die Sprache auf Wunsch ändern.

Peyo schuf die Schlümpfe 1958 eigentlich als Nebenrollen für seine Lieblingsfigur Pirlouit, zu Deutsch »Pfiffikus«. 1959 erschien der erste eigene Band: »Die unglaubliche Saga der Schlümpfe«. Es folgte eine Serie im amerikanischen Fernsehen, und die machte die kleinen blauen Männchen weltberühmt.

Adresse Galerie Horta, Rue Marché aux Herbes / Grasmarkt 116, 1000 Brüssel, Tel. +32/(0)2/2077992, www.moofmuseum.be | **Anfahrt** Metro 1/5, Tram 92, 93, 94, Haltestelle Gare Centrale / Centraal Station | **Öffnungszeiten** Do – So 10 – 18 Uhr; Di, Mi für Gruppen reserviert | **Tipp** Fans und Sammler anderer Figuren finden in Brüssel reichlich Geschäfte, die größte Auswahl in der Boutique Tintin in der Rue de la Colline / Heuvelstraat 13.

69 Das Musée Wiertz
Ein Atelier nach dem Maß der Bilder

Dieses Museum ist eine Brüsseler Spezialität. Das 16 Meter hohe Atelier mit seinem leicht spitz zulaufenden Glasdach sucht seinesgleichen. Es bedurfte schon eines solch ausgefallenen Raums, um den Vorstellungen seines Malers gerecht zu werden: Bilder von der Größe derer von Rubens und Michelangelo zu malen, denen er nacheiferte. Der Historienmaler Antoine Wiertz (1806–1865) war ein Favorit des belgischen Königs Leopold I., der ihn als Meister der belgischen Romantik bewunderte und mit seinen zahlreichen Extravaganzen gewähren ließ. Leopold wollte, dass sein Protegé an dieser Art zu malen unbedingt festhielt, obwohl die teilweise überdimensionierten Werke nur schwer verkäuflich waren. Das verlangte nach einer praktikablen Lösung. Der König verfügte, dass dem Künstler auf Staatskosten ein Wohn- und Atelierhaus in Ixelles zu bauen war, in dem er seine großformatigen Bilder mit religiösen und philosophisch-allegorischen Szenen herstellen konnte, die durchaus dem Zeitgeist entsprachen und bei aller künstlerischen Umstrittenheit äußerst populär waren. Die Größe des Ateliers mit 16 Meter Höhe, 35 Meter Länge und 15 Meter Breite wurde den Werken angepasst. Die Bedingung dieses Deals: Nach dem Tod des Künstlers sollten Wohn- und Atelierhaus in den Besitz des belgischen Staates übergehen. Das 1850 nach den Plänen des Malers höchstpersönlich realisierte Gebäude wurde 1865 nach dessen Tod zum Museum umgebaut und Teil der Königlichen Museen der Schönen Künste.

Bis heute sind in dem Atelier-Museum ausschließlich Bilder und Gemälde von Antoine Wiertz zu sehen, rund 220 Arbeiten. Dazu gehören das über fünf Meter hohe und acht Meter breite Gemälde »Griechen und Trojaner kämpfen um den toten Patroklos«, aber auch »Der lebendig Begrabene« und »La Belle Rosine«, in dem die halbnackte Rosine Auge in Auge mit einem Totengerippe steht. Dazu gibt es zahlreiche Plastiken.

Adresse Musée Wiertz Museum, Rue Vautier 62, 1050 Brüssel (Ixelles/Elsene), Tel. + 32/(0)2/6481718, www.fine-arts-museum.be | **Anfahrt** Metro 1/5, Haltestellen Maelbeek und Schuman; Bus 34/80, Haltestelle Museum | **Öffnungszeiten** Di–Fr 10–12 und 12.45–17 Uhr | **Tipp** Vor der Königlichen Akademie der Wissenschaft und Künste in der Rue Ducale/Hertogstraat 1 (Akademie-Palast) unweit des Stadtschlosses ist in einen erhellten Pflasterstein des auslaufenden Paradeplatzes eine Brille mit schmalem Rand eingelassen – ein Hingucker.

70 Der NATO-Stern
Eingezäunt und hinter Gittern

Dafür, dass es sich beim Stern der NATO um eines der weltweit bekanntesten Symbole handelt, ist über seine Entstehung vergleichsweise wenig bekannt. Das liegt daran, dass die entsprechenden Unterlagen beim Umzug des NATO-Hauptquartiers 1966/1967 von Paris nach Brüssel offenbar vernichtet wurden.

1951 regte der kanadische Diplomat Lester Bowles Pearson (1897–1972), damals Außenminister, später Premierminister Kanadas, an, die NATO mit einem Symbol auszustatten. So wurde ein Jahr später, 1952, ein Wettbewerb ausgeschrieben, um ein solches für das Bündnis zu schaffen. Man wählte den Vorschlag eines Angehörigen des internationalen Stabes, dessen Name wegen fehlender Unterlagen nicht mehr zu ermitteln ist: eine weiß-blaue, vierspitzige Kompassnadel, von deren Enden zwei kurze (Nord und Süd) und zwei längere (Ost und West) Linien ausgehen. Diese Windrose sollte den umfassenden Geltungsbereich der NATO anzeigen. 1969 beschloss die NATO, Brüssel dauerhaft zu ihrem Sitz zu machen. Sie suchte deshalb ein kraftvolles Symbol für den Ehrenhof vor dem Gebäude und entschied sich für den Entwurf des belgischen Architekten Raymond Huyberechts. Der sah vor, eine sieben Meter große Stahlskulptur des NATO-Sterns zu errichten, die von zwei Kreisen durchbrochen wurde. Die Windrose symbolisierte den Anspruch weltweiten Engagements, die beiden um 90 Grad versetzten Kreise standen für den transatlantischen Pakt zwischen Europa und Amerika. Die 1,5 Millionen belgische Francs teure Statue wurde Mitte August 1971 aufgestellt und einen Monat später eingeweiht. Als erster NATO-Generalsekretär wurde der Niederländer Joseph Luns (1911–2002) vor dem Stern fotografiert, der seitdem zu einem der meistgefilmten Symbole der Welt geworden ist. 2016 wurde das NATO-Hauptquartier innerhalb Brüssels von einer Straßenseite auf die andere verlegt und mit ihm auch der Stern.

Adresse Rue Léopold III, 1130 Brüssel (Evere) | **Anfahrt** Tram 62, Bus 178/272/471, Haltestelle NATO/Navo | **Öffnungszeiten** durch den Zaun einsehbar | **Tipp** Knapp zehn Kilometer südlich lässt sich Verteidigungstechnik aus dem Jahr 1300 besichtigen, im Kastell Beersel. Die Wasserburg diente bis 1540 zur Verteidigung Brüssels.

71 — Das New De Wolf
Der ganzjährige Jubelmarkt

Durch die Marollen gehen Brüsseler, um nach Antiquitäten und Möbeln zu schauen, die Rue Haute in die eine Richtung und die Rue Blaes wieder zurück. Ein Geschäft neben dem anderen, mal Art déco, mal Bauhaus und daneben die 50er Jahre. Shabby Chic könnte hier erfunden worden sein, so stimmig passen Häuser, Umgebung und angebotene Waren zusammen.

Mittendrin in der Hausnummer 91 das New De Wolf. Möbel und Lampen gibt es auch, aber vor allem Dekorationsartikel aller Art; Stoffe, Lampions, Tisch- und Raumdekorationen für jeden möglichen und auch jeden unmöglichen Anlass. Was auch immer auf einen Tisch, eine Fensterbank oder ein Sideboard gestellt werden mag, an die Wand, die Decke oder einen Baum gehängt werden kann, im New De Wolf findet man es. Die auf zwei Stockwerke verteilten Räume quellen regelrecht über. Kein Motto ist zu skurril, kein Thema zu abwegig, und wenn es beleuchtete Quallen sein sollen, hier ist der Ort, an dem man fündig wird.

Seit Juli 1986 steht Susanne De Wolf an 362 Tagen im Jahr in ihrem Laden und bietet ihr unglaubliches Sortiment an. Fragt man sie nach dem Warum, nach ihrer Motivation, sagt sie nur: »So bin ich halt« und »Es macht mir Spaß«. Es gibt Dekorationsideen für jeden Anlass und jede Jahreszeit, ob Ostern oder Herbst, ob Kindergeburtstag oder Mottoparty. Aber die absolute Hochzeit des New De Wolf beginnt im Oktober, wenn hier Weihnachten eingeläutet wird. Das Schaufenster quillt über, das gesamte Geschäft besteht nur noch aus Weihnachtsmännern, Engeln, Zapfen, Schneemännern und -frauen, Kugeln, Elchen und Schlitten und den erstaunlichsten Dingen, die einen Christbaum schmücken könnten. Dann ist hier, man muss es so sagen, die Hölle los.

Apropos: Kerzen sind in Belgien kein Allerweltsartikel, sondern schlecht zu bekommen. Nicht so im New De Wolf. Kerzen gehören hier ganzjährig zur Dekoration und nicht nur zu Weihnachten.

Adresse Rue Haute/Hoogstraat 91, 1000 Brüssel, Tel. +32/0(2)/5111018, www.newdewolf.be |
Anfahrt Bus 27/48, Haltestelle La Chapelle | **Öffnungszeiten** Mo–Sa 10.30–18.30 Uhr,
So 10–17 Uhr | **Tipp** Das La vaisselle au kilo liegt fast genau gegenüber. Der Name ist Programm. Küchenutensilien, Gläser, Geschirr und Steingut werden zwar nicht mehr – wie am alten Standort am Sablon – nach Gewicht verkauft, aber weiter zu sehr moderaten Preisen.

72 — Der Nullpunkt
Von wo das Land vermessen wird

Die meisten Menschen, die das Brüsseler Rathaus an der Grand-Place besuchen und den rechteckigen Innenhof betreten, gehen achtlos über das Kopfsteinpflaster hinweg, ohne seine besondere Struktur zu bemerken. Aber bei genauerer Betrachtung sieht man im Zentrum des Platzes zwischen den Ratsgebäuden, unmittelbar vor den beiden die großen belgischen Flüsse verkörpernden Brunnen Maas (La Meuse) und Schelde (L'Escaut), eine sternförmig in den Boden eingelassene Struktur. Man könnte meinen, das sei ein x-beliebiges Schmuckelement, aber weit gefehlt. Hier handelt es sich um eine Besonderheit, die selbst die eingefleischtesten Brüsseler nicht kennen. Denn es gibt keine Hinweisplakette oder Tafel auf das, was sich hinter dem dunkler gepflasterten Kreis mit den Sternenzacken verbirgt: der geografische Nullpunkt Belgiens, von dem aus alle Längen- beziehungsweise Distanzangaben im Königreich vermessen wurden. Ob nach Leuven, Dendermonde oder Antwerpen. Aber auch nach Köln, Aachen und Paris.

Das zwischen 1401 und 1421 gebaute Brüsseler Rathaus ist ein Meisterwerk der Spätgotik, der sogenannten Brabanter Gotik, und sollte von der wirtschaftlichen und politischen Macht Brüssels zeugen. Der Bau besticht durch seine außergewöhnliche, reich verzierte Außenfassade mit dem filigranen Skulpturenschmuck und den großen, alles überragenden Turm, den Belfried. Ein kunstvoll gestalteter, 1455 gebauter 96 Meter hoher Glockenturm, der höchste Belgiens, den der heilige Michael, der Schutzpatron Brüssels, als Wetterfahne krönt. Vor allem sollte der Brüsseler Belfried den von Brügge übertreffen und das Selbstbewusstsein der Brüsseler Bürger demonstrieren. Bei der Bombardierung der Grand-Place durch die Franzosen 1695 brannte das Rathaus nahezu ab, wurde aber unmittelbar nach der Katastrophe rekonstruiert und mit einigen Veränderungen und Anbauten in seinem heutigen Glanz wieder errichtet.

Adresse Hôtel de Ville/Stadhuis, Grand-Place/Grote Markt, 1000 Brüssel | **Anfahrt** Metro 1/5, Haltestelle Gare Centrale/Centraal Station; Metro 3/4, Tram 31/32, Haltestelle Bourse/Beurs | **Öffnungszeiten** den Innenhof kann man jederzeit betreten; Besichtigungen des Rathauses nur mit Führung: Di, Mi 14.30–16 Uhr, So 10–12.15 Uhr | **Tipp** Im Innern des Rathauses, insbesondere im Ratssaal und im Schöffenzimmer, lassen sich die wertvollsten Brüsseler Wandteppiche des 16., 17. und 18. Jahrhunderts bewundern.

73 Die Oper
Die hohe Kunst und die Belgische Revolution

Das La Monnaie/De Munt hat Geschichte geschrieben. Es ist der 25. August 1830. Auf dem Spielplan des Brüsseler Opernhauses Théâtre de La Monnaie steht die belgische Uraufführung der patriotischen Oper »Die Stumme von Portici« des Komponisten Daniel Auber mit dem Libretto von Eugène Scribe. Der Inhalt: die Revolte neapolitanischer Fischer gegen die Obrigkeit. In der Königsloge zu Gast: der niederländische König Wilhelm I. Als im zweiten Akt im Namen der »Heiligen Liebe zum Vaterland« zur Rebellion gegen eine restaurative Gesellschaftsordnung und Fremdherrschaft gesungen und dabei die Marseillaise zitiert wird und schließlich im dritten Akt eine Arie zur Rache und gewaltsamen Befreiung der Unterdrückten aufruft, ist das elektrisierte Brüsseler Opernpublikum nicht mehr zu halten. Die Menschen stürmen aus dem Theater, rufen: »Zu den Waffen!«, und besetzen den Justizpalast. Es ist der Startschuss zur Belgischen Revolution von 1830 und zur Vertreibung der Holländer.

Die 1817 erbaute Oper, Nachfolgebau eines im Jahr 1700 eröffneten und zu seiner Zeit bereits legendären Theaters am Ort der alten Münze aus dem 15. Jahrhundert, fiel 1855 einer Feuersbrunst zum Opfer und brannte bis auf die neoklassizistische Säulenfassade ab. Der belgische Architekt Joseph Poelaert (1817–1879) zeichnete verantwortlich für den Wiederaufbau des La Monnaie mit seinem prunkvollen, am französischen Theater orientierten Zuschauerraum im Stil Louis XVI. und dem prächtigen Foyer. Zu weiteren modernen Ergänzungsbauten kam es in den 1980er Jahren.

Das La Monnaie ist bis heute ein Musiktheater von Weltruf. Künstlerisch triumphale Jahre erlebte die Oper zwischen 1967 und 1987 unter dem französischen Choreografen Maurice Béjart und seiner Tanzkompanie »Ballett des 20. Jahrhunderts«, mit der er Geschichte schrieb und höchste Maßstäbe setzte. Béjart gilt als der große Erneuerer des klassischen Balletts.

Adresse Place de la Monnaie/Muntplein, 1000 Brüssel, Tel. +32/(0)2/22291200, www.lamonnaie.be | **Anfahrt** Metro 1/5, Haltestelle De Brouckère, Tram 3/4/31/32, Haltestelle Place de Monnaie | **Öffnungszeiten** Besichtigungstouren Sept.–Juni Sa 12 Uhr; Tickets Di–Fr 12–18 Uhr, Sa 10–18 Uhr | **Tipp** Warum nicht mal ins nahe Spielkasino Viage am Boulevard Anspach 30 schauen, zumal es da noch viel mehr Entertainment gibt als die rollende Kugel am Roulettetisch?

74 Das Paar
Ästhetisches vor dem Finance Tower

Auf einem kleinen Sockel, der wie ein Treppenabsatz wirkt, stehen zwei anmutige Frauen, jung und schön, nackt und grazil, umarmen sich selbstbewusst und hingebungsvoll, während eine der beiden dem Betrachter, fast ein bisschen arrogant, zu verstehen zu geben scheint, dass er sich seine voyeuristischen Blicke durchaus schenken könne. Es wundert also nicht, dass es 1984 anlässlich der Enthüllung dieser vier Meter hohen und weithin sichtbaren Skulptur vor dem Finanztower am Boulevard du Jardin Botanique zu heftigen Irritationen und allerlei Protesten kam. Keine Frage: Die Skulptur in ihrer ästhetischen Qualität, aber auch in ihrer Wucht und Offenheit ist spektakulär und aufreizend.

Im Auftrag der Investoren des Finanztowers, der in seiner heutigen Form 1983 entstand, 2006 noch einmal generalsaniert wurde und bis heute das zweitgrößte Hochhaus Brüssels und Belgiens ist, entwarf der 1923 geborene Antwerpener Bildhauer Nat Neujean zwischen 1982 und 1984 die Bronzeskulptur »L'Ame Sentinelle« als Kunst am Bau. In ihrer Größe und Darstellung wird sie dem 18 Stockwerke hohen Haus durchaus gerecht. Nat Neujean hat weltweit, vor allem auch in den USA, mit spektakulären Plastiken von sich reden gemacht, die sich in vielen großen Sammlungen wiederfinden. Für »L'Ame Sentinelle«, das eng umschlungene Frauenpaar, ließ er sich von dem 1872 entstandenen Gedicht »L'Eternité« des rebellischen Lyrikers Arthur Rimbaud (1854–1891) inspirieren. Er wollte sein Werk als Reverenz an den Schriftsteller verstanden wissen. »L'Ame Sentinelle« wurde von der renommierten Mailänder Gießerei De Andreis in Bronze gegossen.

In Brüssel gibt es weitere Kunst von Nat Neujean zu sehen. So die Skulpturen »Tim und Struppi« im Brüsseler Comicmuseum von 1954 oder im Parc du Wolvendael in Uccle (1976) sowie die Büste des Politikers und großen Europäers Robert Schuman (1886–1963) im Jubelpark von 1987.

Adresse Boulevard du Jardin Botanique/Kruidtuinlaan 50, 1000 Brüssel | **Anfahrt** Metro 2/6, Haltestelle Botanique | **Öffnungszeiten** immer zugänglich | **Tipp** In der nahe gelegenen Rue de l'Association 24 ist das Brüsseler Spielzeugmuseum (Musée du Jouet) untergebracht, das täglich von 10–13 und 14–18 Uhr geöffnet hat.

75 _ Der Parc Josaphat
Der Central Park von Schaerbeek

20 Hektar Grün im Stil eines englischen Landschaftsgartens: Der Parc Josaphat schließt nördlich fast direkt an das EU-Viertel an. Diplomaten und EU-Beamte trifft man hier dennoch eher selten, es sei denn, sie wohnen im zum Teil schönen, aber wenig angesagten Stadtteil Schaerbeek.

1904 schuf der belgische Landschaftsarchitekt Edmond Gallopin (1851–1919) im Auftrag des Königs den heutigen Park. Dessen Geschichte ist allerdings älter: Im Mittelalter lag hier das Tal eines kleinen Baches namens Roodenbeek. Die Legende will wissen, dass ein Pilger aus dem Heiligen Land beim Anblick des Tals ergriffen gesagt habe, hier sehe es aus wie im Joseph-Tal bei Jerusalem. So entstand der Name. 1574 wurde im Park auf dem sogenannten Heiligenberg eine Votivsäule mit dieser Geschichte aufgestellt, die aber während der Französischen Revolution 1793 zerstört wurde. In den 1890er Jahren plante der Stadtrat von Schaerbeek den Park, scheiterte aber zunächst am Widerstand einer wohlhabenden Witwe, der Teile des Geländes gehörten. Die fand den angebotenen Kaufpreis so empörend niedrig, dass sie drohte, alle Bäume auf ihrem Land zu fällen. Deshalb enteignete sie König Leopold II. und gab den Park in Auftrag.

Heute drehen Jogger und Mütter mit Kinderwagen ihre Runden im hügeligen Gelände. Auf den Wiesen um die Seen genießen Menschen die Sonne, üben Yoga oder Tai-Chi. Für Kinder gibt es einen Spielplatz und einen Streichelzoo, darin die Maskottchen des Parks: zwei Esel namens Camille und Gribouille. Im Musikpavillon finden regelmäßig Konzerte statt, es gibt zwei Clubs zum Bogenschießen. Im Herbst sieht man die beiden gewaltigen Ardenner Kaltblüter Taram und Vouziers beim Holzräumen. Am letzten Junisonntag wird im Park das Kirschenfest / La Fête des Cerises mit viel Musik gefeiert. Sicher, der New Yorker Central Park ist fast 20-mal größer, aber die Bürger von Schaerbeek sind stolz auf ihren Parc Josaphat.

Adresse Boulevard Lambermont, 1030 Brüssel (Schaerbeek / Schaarbeek) | **Anfahrt** Tram 7, Haltestellen Chazal / Héliotropes / Louis Bertrand; Bus 64/65/66, Haltestelle Chazal | **Öffnungszeiten** immer zugänglich | **Tipp** Schön ist auch der Dudenpark im Stadtteil Forest / Vorst. Steigt man vom niedrigsten Punkt am Stadion von Union Saint Gilloise zum höchsten, hat man einen schönen Blick über Brüssel: Der Park liegt höher als der Rest der Stadt.

76 Das Parlamentarium
Das EU-Parlament präsentiert sich seinen Bürgern

Vielen ist die Europäische Union fremd und unzugänglich, manche lehnen sie gar ab, ohne sie je begriffen zu haben. Als bürokratisches Monster, weitab von der Wirklichkeit der Menschen, wird sie gescholten, aber auch als Garant für ein demokratisches, friedfertiges Nachkriegseuropa bewundert. Wie immer, wenn das Wissen über eine Institution und deren Inhalte diffus ist und schwer zu greifen, lohnt genaues Hinsehen, Information, ein Blick hinter die Kulissen, um sich schließlich dem Unbekannten zu öffnen. Wer das »Parlamentarium«, das Besucherzentrum des Europäischen Parlaments, besucht hat, der begreift Aufgabe und Arbeitsweise dieser weitverzweigten Institution aus 28 Mitgliedstaaten, dem werden Sinn und Aufgaben der Europäischen Union klarer. Und wie international die EU ist, zeigen allein die 24 verschiedenen Sprachen der 500 Millionen EU-Bürger, in denen man das Parlamentarium erleben kann. Wo gibt es das sonst auf der Welt? Individuelle tragbare Multimedia-Guides führen durch die didaktisch klug und auf allen Ebenen interaktiv gestaltete Ausstellung.

Man kann eine virtuelle Reise durch Europa und die einzelnen Länder antreten, den »Tunnel der Stimmen« betreten, um das vielsprachige Europa zu begreifen (alle Vorlagen und Beschlüsse der Parlamentarier und Politiker müssen jeweils in 24 Amtssprachen übersetzt werden). In einem 360-Grad-Panoramafilm erlebt der Besucher realistisch die Arbeitsweise des Parlaments. Eine begehbare europäische Karte lädt ein zur virtuellen Entdeckung der EU an Dutzenden interaktiven Terminals. Die europäische Geschichte und Integration sowie Fragen und künftige Herausforderungen werden erörtert, man kann sich seinen Vertretern aus den 750 Abgeordneten nähern. Eröffnet wurde das vom Stuttgarter Atelier Brückner konzipierte Parlamentarium mit seinen 3.000 Quadratmetern Ausstellungsfläche nach vierjähriger Bauzeit 2001. Kosten: 21 Millionen Euro.

Adresse Bâtiment Willy Brandt, Esplanade Solidarnosc 1980, Rue Wiertz 60, 1047 Brüssel, Tel. +32/(0)2/2832222 | **Anfahrt** Metro 1/5, Haltestelle Maelbeek; Metro 2/6, Haltestelle Trône/Troon; Bus 22/27/34/38/64/80/95, Haltestelle Europäisches Parlament | **Öffnungszeiten** Mo 13–18 Uhr, Di–Fr 9–18 Uhr, Sa, So 10–18 Uhr | **Tipp** In der Woche ist die unmittelbar angrenzende Place du Luxembourg mit zahlreichen Restaurants und Bars eine angesagte Amüsiermeile für ein junges, internationales und feierfreudiges Publikum.

77_Der Pavillon
Die Nackten im Jubelpark

In der nordwestlichen Ecke des Parc du Cinquantenaire / Jubelparks stehen zwei Gebäude unmittelbar nebeneinander, die gegensätzlicher nicht sein könnten. Die Große Moschee, 1880 von Ernest van Humbeek als orientalischer Pavillon für die erste Brüsseler Weltausstellung gebaut, und ein kleiner, auf den ersten Blick klassizistischer Tempel, der sogenannte Pavillon Horta-Lambeaux. Der Pavillon ist das erste Werk von Victor Horta, 1896 gebaut, um darin ein zwölf mal acht Meter großes Marmorrelief des belgischen Bildhauers Jef Lambeaux (1852–1908) mit dem Titel »Die menschlichen Leidenschaften« auszustellen.

Und leidenschaftlich waren auch die Reaktionen auf das Werk, die in einen Skandal ausarteten. »Unmoralisch« und »obszön« waren noch freundliche Charakterisierungen. Sehr detailgetreu und voller Wucht zeigt Lambeaux die Stationen menschlichen Lebens: Geburt, Liebe, Kampf und Tod. Alle Personen sind nackt. Und Nacktheit war nicht das einzige Problem, auch die Darstellung des gekreuzigten Christus über allen anderen Figuren wurde als blasphemisch empfunden. Und so blieb das Gebäude genau drei Tage im ursprünglichen Zustand, das heißt mit freier Sicht auf das Relief. Zuerst wurde ein Holzzaun um das Gebäude gezogen, dann wurden die Seiten zugemauert, schließlich verschloss man den Vordereingang mit großen Türen.

1967 bot der belgische König Baudouin dem saudischen König Faisal den orientalischen Pavillon an, um dort eine Moschee zu errichten, im Gegenzug für großzügige Öllieferungen. Er übersah, ob mit Absicht oder nicht, dass zum Gelände auch der Pavillon der menschlichen Leidenschaften gehörte. 1976 wurde ebendieser mit dem zum Glück vollständig erhaltenen Relief zurückgekauft. Er wurde 2006 renoviert und ist während der Sommerzeit täglich für eine Stunde zu besichtigen. Denn noch immer ringen, tanzen und lieben sich die lebensgroßen Marmorfiguren direkt neben der von der wahabitischen Islamischen Weltliga betriebenen Moschee.

Adresse Parc du Cinquantenaire / Jubelpark, 1000 Brüssel | **Anfahrt** Metro 1/5 und Tram 22/27/61/80/91, Haltestelle Merode | **Öffnungszeiten** nur im Sommer; Billetts im MRAH (Königliches Museum für Kunst und Geschichte), in der diagonal gegenüberliegenden Ecke des Parks. Dort sind auch die Öffnungszeiten zu erfragen unter Tel. + 32/(0)2/7417215 | **Tipp** In direkter Nachbarschaft zum Pavillon gibt es zahlreiche öffentlich zugängliche Boules-Bahnen, die von höchst unterschiedlich talentierten Pétanque-Spielern stark frequentiert sind.

78 Das Pissoir
Der besondere Service an Sainte-Catherine

Das wäre bei uns undenkbar: offiziell an eine Kirche urinieren dürfen, sozusagen geordnetes Wildpinkeln. Nicht so in Brüssel. An der ehrwürdigen Eglise Sainte-Catherine – schräg gegenüber dem Quai aux Briques, in Sichtweite zum Fischmarkt. Hier wurde das Stehpissoir ganz offiziell als besonderer Service an die vielen Biertrinker der Stadt installiert. Mit Graffiti verziert »schmückt« es die Außenfassade der ab 1854 erbauten Kirche, Sichtblenden sorgen für eine dezente Verrichtung, vermögen aber dennoch nicht über das Flair eines öffentlichen Klos hinwegzutäuschen. Und wer schnell einmal auf einer der Toiletten der schicken Fischrestaurants sein Geschäft verrichten möchte, ohne sich an einem Tisch niedergelassen zu haben, der wird vom Ober höflich, aber direkt an die Kirchenmauer verwiesen. Wer letztlich verantwortlich zeichnet für das Urinal an der Katharinenkirche, ist nicht zu eruieren. Das Ding ist einfach da.

Vielleicht hat sich das Pissoir an diesem privilegierten Platz nur deshalb etablieren können, weil die am alten Hafenbecken erbaute Kirche von den Brüsselern nie so recht gemocht wurde. Sie ist ein »Kind« des ungeliebten Architekten Joseph Poelaert (1817–1879), der im Auftrag Leopolds II. auch den monströsen Palais de Justice erbaut hatte. Und dass dann an der Kirche, die einen Vorgängerbau aus dem 15. Jahrhundert ersetzt hatte, über zwei Jahrzehnte aus Geldmangel »herumgedoktert« wurde, um schließlich in einem Stilmix aus Romanik, Gotik und Renaissance zu enden, tat ein Übriges. Wegen billig verbauter Materialien galt die dreischiffige Kirche in den 1930er Jahren bereits als einsturzgefährdet, in den 1960er Jahren wurde sogar überlegt, sie wegen benötigter Parkflächen ganz abzureißen. Heute gehört Sainte-Catherine wie auch die atmosphärische Place Sainte-Catherine mit ihren Fischhändlern und einer gemütlichen Außengastronomie zum festen Stadtbild. Ebenso wie das Pissoir an der Außenfassade.

Adresse Sainte-Catherine, Place Sainte-Catherine / Sint-Katelijneplein, 1000 Brüssel | **Anfahrt** Metro 1/5, Haltestelle Sainte-Catherine / Sint-Katelijne | **Öffnungszeiten** immer zugänglich | **Tipp** An der Place Sainte-Catherine steht zwischen zwei Neubauten der Tour Noir, der Schwarze Turm, ein Rest der ersten Brüsseler Stadtmauer aus dem 13. Jahrhundert.

79 __ Das Rasiergeschäft
Ein königlicher Hoflieferant für Messer und Scheren

Nicht mehr lange, dann besteht das Haus A. Jamart – den Namen des ursprünglichen Gründers führt das Geschäft bis heute – 200 Jahre. 1821 wurde das Au Grand Rasoir gegründet und wuchs dann rasch zu drei Betrieben mit einer eigenen Messerproduktion an. Der »Schwarze Donnerstag« an der New Yorker Börse am 24. Oktober 1929 ruinierte die Familie Jamart, die Firmen gingen pleite. Die Familie Cielen übernahm das Stammhaus und führte dort das Geschäft des Messerverkaufs im nahezu unveränderten Dekor weiter, inzwischen bereits in der dritten Generation. Der jetzige Inhaber, Jean Cielen, der schon als kleiner Junge mit dem Großvater nach Solingen zum Wareneinkauf fuhr, denkt mit Mitte 60 so langsam daran, die Leitung seiner Tochter Anne zu übergeben. Vom Vater angelernt, ist auch sie der Familientradition treu geblieben und Spezialistin für Messer aller Art.

Direkt neben dem Brüsseler Stadtparlament liegt das Geschäft für Schneidewaren: Messer und Scheren, vom robusten Opinel für acht Euro bis zur handgeschmiedeten Damaszenerklinge für mehrere tausend Euro. Messer aus Frankreich und Japan gibt es zu kaufen, natürlich weiterhin Messer aus Solingen; Taschenmesser für den Alltag und Messer für Profis, ob Küchenchef oder Fleischer; Scheren für Schneider und den Hausgebrauch. Etwa 60 handwerkliche Fabriken beliefern das Geschäft mit ungefähr 2.000 unterschiedlichen Messern.

Besonders verpflichtet fühlt sich Jean Cielen dem »großen Rasiermesser« im Firmennamen. Voller Freude nehmen Vater und Tochter zur Kenntnis, dass gepflegte Bärte wieder in Mode sind und mit ihnen die zugehörigen Utensilien: gute Klingen, Wetzsteine, Dachshaarpinsel und ähnliche Accessoires. »Die jungen Leute achten wieder mehr auf Qualität«, sagen beide. Und die bietet ein königlicher Hoflieferant – auch diesen Titel führt das Geschäft offiziell weiterhin im Namen.

Adresse Au Grand Rasoir, Rue de l'Hôpital/Gasthuisstraat 7, 1000 Brüssel, Tel. +32/(0)2/5124962, www.coutellerie-jamart.be | **Anfahrt** Metro 1/5, Haltestelle Gare Centrale/Centraal Station; Bus 48/95, Haltestelle Parlement Bruxellois | **Öffnungszeiten** Mo–Fr 9–18.30 Uhr, Sa 9–18 Uhr | **Tipp** Spezialgeschäfte, nur einem Thema verpflichtet, findet man in Brüssel viele. Dem Rasierladen gegenüber, in der Rue Saint-Jean 47, führt der Music Shop alles rund um E-Gitarren. Das Azzato in der Rue de la Violette 42 bietet Instrumente von der Laute bis zum Dudelsack.

80 Die Reiter
Don Quichotte und Sancho Panza

Auf einem eher unscheinbaren Platz, umringt von zahlreichen Hotels zwischen der Gare Centrale und der Grand-Place, stößt der Besucher auf zwei reitende Gesellen. Der eine zu Pferde, der andere auf einem Maulesel: Don Quichotte und Sancho Panza. Die beiden legendären Figuren der spanischen Literatur des Mittelalters, hoch oben auf einem mächtigen Betonsockel nebst spanischer Treppe durch Brüssel trabend. Der lange, hagere Don Quichotte auf seiner Märe Rosinante und sein Stallmeister Sancho Panza, vereint im ritterlichen Kampf »gegen Windmühlen« und immer neue fiktive Feinde. Der »Ritter von der traurigen Gestalt« war im Jahr 1605 der große literarische Wurf des spanischen Nationaldichters Miguel de Cervantes (1547–1616), eine meisterliche Parodie auf die ritterlichen Ideale und sozialen Strukturen seiner Zeit. 1930 schuf der spanische Bildhauer Lorenzo Coullaut Valera (1876–1932) auf Geheiß König Alfonsos XIII. eine gewaltige Bronzestatue der beiden phantastischen Haudegen vor dem Cervantes-Denkmal auf dem Spanischen Platz in Madrid.

Wie aber kamen die beiden Reiter in die belgische Hauptstadt? Anlässlich der spanischen Präsidentschaft der Europäischen Gemeinschaft 1989 schenkte Spanien der Stadt Brüssel eine exakte Replik der mächtigen Bronzestatue. Gedacht als Hinweis auf Jahrhunderte enger Verbundenheit zwischen dem spanischen Habsburg und dem flandrischen Belgien, das unter dem Namen »Südliche Niederlande« lange Teil des spanischen Königreichs war.

Und dann steht da noch, ein wenig im Schatten der beiden Spanier, eine zweite Statue auf dem von neuen Hotelbauten eingegrenzten Platz: die des ungarischen Komponisten und Antifaschisten Béla Bartok (1881–1945), modelliert vom 1923 geborenen ungarischen Bildhauer Imre Varga. Die Plastik war 1995 ein Geschenk der Stadt Budapest anlässlich des 50. Todestages des Komponisten, der immer wieder in Brüssel weilte und musizierte.

Adresse Place d'Espagne/Spanjeplein, 1000 Brüssel | **Anfahrt** Metro 2/6, Haltestelle Gare Centrale/Centraal Station | **Anfahrt** täglich 9.30–1 Uhr | **Tipp** Ein kurzer Blick in die nahe Kapelle Sainte-Marie-Madeleine aus dem 13. Jahrhundert lohnt sich (Rue de la Madeleine/Magdalenastraat).

81 Die Résistance
Das Museum des belgischen Widerstandes

Dass das Museum des belgischen Widerstandes gegen die Besetzung des überfallenen Landes zwischen 1940 und 1945 durch die Deutschen und den allgegenwärtigen Naziterror in einem alten Wohnhaus abseits in Anderlecht untergebracht ist, hat einen geschichtsträchtigen Grund und ist Teil der belgischen Résistance. In der Rue van Lint gab es eine Druckerei, hier wurde während der deutschen Besatzung, am 9. November 1943, der »Faux Soir« produziert und gedruckt. Es war eine gefälschte, perfekt nachgemachte Untergrundausgabe der Tageszeitung »Le Soir« (Der Abend). Redakteure des offiziellen Blatts kollaborierten mit der deutschen Besatzungsmacht. Diese rebellische Gegenausgabe aber rief offen zum Widerstand auf. Die Druckplatten der Originalausgabe sind im Museum zu sehen, hier die Geschichte des falschen »Soir« und ihres Initiators Ferdinand Wellens nachzuspüren.

1972 wurde dieses kleine, für die belgische Geschichte so bedeutende Museum eröffnet, das aber bis heute auch in Brüssel weitgehend unbekannt ist. Rund 2.000 Besucher – Wissenschaftler, Schulklassen, Veteranen, Interessierte – zählt das von zwei Mitarbeitern geführte und von einem 600 Mitglieder umfassenden Förderverein weitgehend finanzierte Projekt jährlich. Zu wenig für diesen Teil ehrenwerter belgischer Geschichte. Denn die Belgier können bis heute stolz sein auf den Widerstand, den sie den Nazis entgegengesetzt haben. In keinem besetzten Land wurden ab 1941 durch Zivilisten beziehungsweise ganz normale Bürger und Partisanen mehr Juden vor dem Zugriff der Nazis und ihrer Vernichtungsmaschinerie gerettet als in Belgien. Tausende Juden wurden teilweise über Jahre in belgischen Familien unter Lebensgefahr versteckt.

Das Museum dokumentiert den belgischen Widerstand anhand vieler Originaldokumente. Es beinhaltet die Archive des »Front de l'Indépendance« und anderer Organisationen und verfügt über eine Bibliothek des Widerstandes.

Adresse Musée de la Résistance de Belgique, Rue van Lint 14, 1070 Brüssel (Anderlecht), Tel. +32/(0)2/5224041, www.museumresistance.be | **Anfahrt** Metro 2/6, Haltestelle Clemenceau; Tram 81, Haltestelle Conseil; Bus 46, Haltestelle Albert I. | **Öffnungszeiten** Mo–Fr 9–12 und 13–16 Uhr | **Tipp** Vom Museum sind es nur einige Meter durch die Rue van Lint bis zum Rathaus von Anderlecht, erbaut zwischen 1877 und 1879 durch den belgischen Architekten Jules-Jacques Van Ysendyck (1836–1901) im Stil der neoflämischen Renaissance.

82 — Der Ritter
Gottfried von Bouillon auf verlorenem Posten

Gottfried von Bouillon ist eigentlich eine zentrale Gestalt der Brüsseler Öffentlichkeit, und präsenter kann sein Reiterstandbild gar nicht stehen als hier auf der geschichtsträchtigen Place Royale oberhalb des Mont des Arts, unweit des königlichen Schlosses. Und dennoch führt der Ritter ein eigenwillig einsames Dasein, oder anders gesagt: Die Brüsseler nehmen ihn so gut wie nicht zur Kenntnis. Obwohl eigentlich die Autos, Busse und Straßenbahnen ununterbrochen an ihm vorbeirauschen. Da thront er, der Herzog von Niederlothringen, Anführer des ersten Kreuzzuges von 1097 und Eroberer Jerusalems, stolz und selbstbewusst in der Mitte des Platzes vor den sechs korinthischen Säulen der 1787 geweihten Hofkirche Saint-Jacques-sur-Coudenberg und wird so gut wie nicht wahrgenommen – außer als Verkehrshindernis. Das mächtige Reiterstandbild wurde 1848 vom belgischen Bildhauer Eugène Simonis (1810–1872) errichtet, der auch die Löwen am Fuß der Kongresssäule und die Giebel am Théâtre La Monnaie gestaltet hat.

Die Place Royale wurde ab 1774 nach Plänen des französischen Architekten Barnabé Guimard (1739–1805) im Auftrag des damaligen österreichischen Generalstatthalters Karl von Lothringen auf den Fundamenten des alten Coudenberg-Palastes, der 1731 einer Feuersbrunst zum Opfer fiel, komplett neu im neoklassizistischen Stil gestaltet. Als Vorbilder für den rechteckigen, streng symmetrischen Platz mit seinen prachtvollen, im Stil Louis XVI. in hellem Stein erbauten Palais und Gebäuden dienten dem Architekten Plätze in Reims und Nancy. Der Platz, der trotz allen Verkehrs ein durch Torbögen verbundenes, intaktes, in sich geschlossenes Ensemble ist und von dem sich trefflich auf die Unterstadt blicken lässt, ist das perfekte Entree zum sich dahinter auftuenden Königspalast und dem ebenfalls von Guimard entworfenen und gestalteten Parc de Bruxelles.

Adresse Place Royale / Koningsplein, 1000 Brüssel | **Anfahrt** Metro 1/5, Haltestelle Gare Centrale / Centraal Station oder Parc / Park; Metro 2/6, Haltestelle Trône / Troon | **Öffnungszeiten** immer zugänglich | **Tipp** An der Ostseite des Platzes befindet sich das zentrale Touristenbüro. Von hier sind es wenige Meter bis zum Königlichen Museum der Schönen Künste und zum Magritte-Museum.

83 Die Rue Dansaert
Modisch, schick, schräg und teuer

Die Rue Dansaert, einen Steinwurf von der Börse entfernt, hat eine wechselvolle Geschichte. Erst Finanzzentrum, dann phantasielose Einkaufsstraße und in den 1980er und 1990er Jahren eine ziemlich heruntergewirtschaftete Meile. Doch heute hat sie zu altem Glanz zurückgefunden. Die Straße ist schick und in und beliebt bei jungen Leuten – häufig flämisch sprechend und kapitalkräftig. Großen Anteil daran hat die Mode. Auf 400 Metern reihen sich drei Dutzend Boutiquen aneinander, vor allem kleine Geschäfte, keine Ketten.

Zuvor galt Antwerpen als Modezentrum Belgiens. Die jungen Wilden der »antwerp six« um die Designer Dries van Noten und Ann Demeulemeester mischten die internationale Modeszene gehörig auf. Dann kam die Rue Dansaert in Brüssel. Weil das Viertel mitten im Stadtzentrum verfiel, gab es reichlich große Wohnungen und Ateliers für wenig Geld. Und genau das zog junge Kreative an. Ohne allzu großes finanzielles Risiko konnten sie neue Ideen ausprobieren. Ob Elvis Pompilio, exzentrischer Hutmacher der Royals und des internationalen Jetsets, oder Johanne Riss, Olivier Strelli oder Annemie Verbeke, sie alle haben auf der Rue Dansaert ihre ersten Entwürfe präsentiert: viel Tragbares, dazu unkonventionelle und avantgardistische Mode. Weil die EU Tausende junge Menschen beschäftigt, gab es zudem auch Kunden mit Interesse an Mode und dem nötigen Geld, sie zu kaufen.

Viele der Designer sind unterdessen sehr bekannt geworden, womit natürlich auch die Preise für ihre Mode stiegen, aber eben auch die für alles andere im Viertel, besonders für Wohnraum. Das Quartier um die Dansaert ist heute schick und erstrahlt in neuem Glanz – bestens für Besucher, aber teuer für Bewohner. Doch Modegeschäfte gibt es reichlich. Und es macht Spaß, von einem ins nächste zu laufen, zu schauen und vielleicht auch zu shoppen. Begonnen hat die Entwicklung 1984 mit Sonja Noels' Modegeschäft Stijl, bis heute in der Nummer 74.

Adresse Rue Dansaert, 1000 Brüssel | **Anfahrt** Tram 3/4/32, Bus 86/126/127, Haltestelle Bourse/Beurs | **Öffnungszeiten** immer zugänglich | **Tipp** In Brüssel lohnt sich der Schlussverkauf, ob als *soldes*, *uitverkoop* oder *sales* angekündigt. 30 bis 70 Prozent Rabatt sind die Regel, gerade auch bei Bekleidung.

84 _ Die Ruhestätte
Der Cimetière du Dieweg und seine Prominenten

Der Reiz dieses Friedhofs liegt in seiner Verwunschenheit, er bietet dem Besucher deshalb eine Entdeckungsreise der besonderen Art. Dabei muss man keineswegs ein Faible für Friedhöfe haben. Aber was einem hier begegnet, ist ungewöhnlich. Der Friedhof ist vollkommen verwildert, die Gräber sind teilweise von Pflanzen überwuchert, die Grabsteine weggeknickt, als hätte es ein Erdbeben gegeben. Andernorts sind die Grabplatten im Erdreich versunken, muss der Besucher darauf achten, dass er nicht selbst in einer Grube landet. Ob all das wirklich gewollt ist? Aber die spärliche Wartung hat auch ihren Reiz. Die beiden Friedhofsgärtner, ebenfalls recht skurrile Gestalten, sorgen lediglich dafür, dass es keinen Vandalismus gibt und das Grün nicht die Überhand gewinnt über die teilweise ausgefallenen und sehenswerten Gräber. Denn hier liegen bei allem scheinbaren Chaos zahlreiche Persönlichkeiten und bedeutende Familien, die der Stadt vor allem im 19. Jahrhundert ihren Stempel aufgedrückt und Geschichte geschrieben haben.

1866 wurde der Friedhof gegründet, um die vielen Toten einer Cholera-Epidemie aufzunehmen, da gleichzeitig mehrere andere Friedhöfe wegen kompletter Belegung geschlossen werden mussten. Zehn Jahre später, nach der Stilllegung des Friedhofs von Saint-Gilles, wurde er auch zur Ruhestätte der Brüsseler jüdischen Gemeinde. Imposante Grüfte bedeutender jüdischer Bankiersdynastien finden sich im hinteren Teil des Friedhofs. Herausragend auch die zahlreichen Jugendstilgräber, wie das des Architekten Paul Hankar. Andere wurden von Victor Horta gestaltet.

Als der Friedhof schließlich zu klein wurde und 1945 ein größerer im nahen Verrewinkel eröffnete, wurde die Ruhestätte am Dieweg 1958 stillgelegt. Nur in ganz wenigen Ausnahmefällen wurde hier noch begraben. Der prominenteste »Dieweger« ist der Karikaturist und Tintin-Zeichner Hergé, der hier 1983 beigesetzt wurde. Seit 1997 ist der Friedhof in Dieweg offiziell denkmalgeschützt.

Adresse Cimetière du Dieweg, Dieweg 95, 1180 Brüssel (Uccle/Ukkel) | **Anfahrt** Tram 92/97, Haltestelle Dieweg; Bus 60, Haltestelle Chênaie | **Öffnungszeiten** Di–Fr 9.30–12 und 13.30–16 Uhr; Führungen müssen erfragt werden (Tel. +32/(0)2/3741750) | **Tipp** Einen Besuch lohnt unbedingt das Musée David et Alice van Buuren (Uccle, Avenue Léo Errera 41), eine Art-déco-Villa mit einer verblüffenden Kunstsammlung und einem phantastischen Garten. Und: Es ist nicht weit bis zur beeindruckenden Sternwarte Uccle.

85 Der Rundfunksaal
Jazz und Klassik auf allerhöchstem Niveau im Flagey

Flagey – so nennen die Brüsseler den Platz, das Gebäude und eigentlich auch das ganze Viertel – ist heute der Ort der jungen Leute. Fast rund um die Uhr. Sehen und gesehen werden in den angesagten Bars und Cafés ringsum oder abhängen auf der Wiese um die beiden Seen, die Etangs d'Ixelles. Geprägt wird der Platz vom ehemaligen Haus des belgischen Rundfunks.

Gelber Klinker und Glas in sich abwechselnden Streifen, keine Ecken, sondern abgerundete Kanten, am Gebäude selbst ebenso wie am vierstöckigen Turm, der es überragt. Manche vergleichen den Anblick mit der Silhouette eines Luxusdampfers, besonders wenn man sie gespiegelt im Wasser der Teiche betrachtet. 1930 vom belgischen Architekten Joseph Diongre (1878–1963) im modernistischen Stil geplant, ging es 1938 als eines der ersten Radiogebäude weltweit in Betrieb und beherbergte schon damals mehrere Studios unterschiedlicher Größe und Toncharakteristiken für Direktübertragungen von Konzerten, Sinfonien oder Hörspielen. Berühmt wurde das große Studio 4 wegen seiner Orgel mit 8.000 Pfeifen und vor allem wegen seiner herausragenden Akustik. 1953 zog zudem das belgische Fernsehen ein und sendete 21 Jahre lang. Dann wurde es zu eng, der Rundfunk zog aus, das Gebäude wurde zum Kulturzentrum umfunktioniert. Doch der Zahn der Zeit nagte am Haus und vor allem an der Technik. Zwischen 1997 und 2008 wurden Gebäude, Preziosen der späten Art-déco-Inneneinrichtung, Technik und schließlich der Platz in mehreren Etappen aufwendig renoviert.

Heute gelten die fünf Studios, besonders die Nummer 4, wieder als weltweit führend in Sachen Klangqualität. Der Spielplan ist voller exquisiter Konzerte. Die Säle sind Heimat der Philharmonie und des Königin-Elisabeth-Wettbewerbs für junge Talente der klassischen Musik, des Brüsseler Jazz Festivals und der Flagey piano days. Mehrere Konzerte an einem Abend sind keine Seltenheit. Dazu gibt es Kinos und das berühmte Café Belga im Erdgeschoss.

Adresse Rue du Belvédère 27, 1050 Brüssel (Ixelles/Elsene), Tel. +32/(0)2/6411010, www.flagey.be | **Anfahrt** Tram 81/83, Bus 38/59/60/71, Haltestelle Flagey | **Öffnungszeiten** Ticketshop Di–Fr 12–17 Uhr und eine Stunde vor Beginn der Veranstaltung | **Tipp** Frit Flagey ist seit Jahrzehnten eine Brüsseler Institution und nimmt in der Liste der beliebtesten »Fritkots« einen Spitzenplatz ein.

86 Das Schlachtfeld
Waterloo in historischer Kulisse

Am 18. Juni 1815 tobte auf den Hügeln bei Waterloo südlich von Brüssel eine Schlacht, die das Gesicht Europas verändern sollte. Der englische Herzog von Wellington (1769–1852) und die mit ihm verbündeten Preußen schlugen die Armee Napoleons vernichtend und bereiteten dem französischen Kaiser sein »Waterloo«. Vier Tage später war die »Herrschaft der 100 Tage«, das zweite Kaiserreich, beendet. Napoleon musste abdanken und in die Verbannung nach Sankt Helena. Die Schlacht zählte mit 45.000 Toten zu einem der brutalsten Gemetzel der Menschheitsgeschichte. Tote und Verwundete, Menschen und Tiere lagen in drei Meter hohen Schichten übereinander. Noch am Morgen des 18. Juni hatte Napoleon seiner Generalität den sicheren Sieg versprochen. Abends waren von den 150.000 Männern, die auf allen Seiten in die Schlacht zogen, ein Drittel tot.

Das moderne Museum Le Mémorial, direkt unterhalb des ehemaligen Schlachtfeldes angelegt und von außen nicht einsehbar, wurde zum 200. Jahrestag der Schlacht 2015 eingeweiht. Das Museum nutzt die Möglichkeiten multimedialer Präsentation. Besucher können sich die historischen Zusammenhänge auf dem Weg nach Waterloo erläutern lassen oder mit jeder der am Kampf beteiligten Armeen in die Schlacht ziehen. Einen Eindruck davon, wie Soldaten die Schlacht konkret erlebt haben könnten, erzeugt der 4-D-Film des belgischen Regisseurs Gérard Corbiau. Zudem wird die Schlacht jedes Jahr an einem Wochenende rund um den 18. Juni von Hunderten Laiendarstellern nachgestellt.

Von 1912 stammt die Rotunde mit dem legendären Schlachtenpanorama – damals die modernste Form, Geschichte lebendig werden zu lassen. Daneben befindet sich der künstlich aufgeschüttete Löwenhügel mit Blick über das historische Terrain. Und es gibt das ebenfalls 2015 konzipierte Wellington-Museum, das die Lebenswege Napoleons und Wellingtons im direkten Vergleich zeigt.

Adresse Route du Lion, 1420 Braine l'Alleud, Tel. +32/(0)2/3851912 | **Anfahrt** Bus (ab Gare du Midi / Zuidstation) Linie W und Linie 365(a) | **Öffnungszeiten** April–Sept. 9.30–18.30 Uhr, Okt.–März 10–18 Uhr | **Tipp** Einmal vor den Toren der Stadt lohnt ein Besuch der gewaltigen Ruinen der 1146 gegründeten Zisterzienserabtei von Villers (Abbaye de Villers-la-Ville, Rue de l'Abbaye 55, 1495 Villers-la Ville). In der ehemaligen Klostermühle gibt es ein Restaurant, daneben eine kleine Brauerei.

87 Der Schlachthof
Einkaufen in den Abattoirs von Anderlecht

Nur einen Katzensprung vom Midi entfernt liegen die Hallen des alten Schlachthofs von Anderlecht. Unter der Woche ist der Schlachthof ganz normal in Betrieb, verarbeitet 230.000 Tiere im Jahr. Aber von Freitag bis Sonntag verwandeln sich die Hallen seit 2015 in den zweiten großen Wochenendmarkt von Brüssel. Und was für einen! Sobald die beiden lebensgroßen Bronzebullen am Eingang passiert sind, steht man mitten im prallen Leben. Hier gibt es buchstäblich alles. Und das zu den besten Preisen der Stadt. Es gibt eine Abteilung für Haushaltswaren und eine für (billige) Kleidung. Es gibt Elektrogeräte (neu, gebraucht und »irgendwo vom Laster gefallen«) und Kinderspielzeug. Rund um das Gelände werden Autos und auch Schmuggelzigaretten gehandelt.

Besonders sind vor allem drei Bereiche: zunächst der Flohmarkt / Brocante. Von Tand und Nippes über Secondhandware bis zu echten Antiquitäten wird hier alles angeboten. Nicht immer das, was man gerade sucht, aber doch Interessantes und Spannendes. Dann »FoodMet«, der Bereich Essen. Anderlecht ist selbst für Brüsseler Verhältnisse besonders multikulturell. Weil hier Menschen aus 180 Nationen wohnen, suchen sie auch sehr spezielles Obst und Gemüse, sei es aus Zentralafrika, dem Maghreb oder Indochina. Entsprechend finden sich hier neben Erbsen, Karotten und Bohnen auch Früchte und Gemüsesorten, die die meisten Nordeuropäer selten bis nie zu Gesicht bekommen. Dazu kommen – wen wundert es am berufenen Ort – frisches Fleisch (auch Innereien, Schweinsfüße oder Schafsköpfe), Geflügel (Wachteln, Tauben, Perl- und Rebhühner), in der Saison Wild und – in einem Land am Meer ebenfalls selbstverständlich – frischer Fisch und Meeresfrüchte. Apropos frisch: Im dritten besonderen Bereich werden lebende Tiere gehandelt. Hasen, Enten und Hühner, bisweilen auch Singvögel. Am Wochenende treffen sich in den Abattoirs rund 30.000 Menschen. Ein ziemlicher Auftrieb. Aber wer Angst hat vor angeblichen No-Go-Areas, der verpasst das Beste.

Adresse Rue Ropsy Chaudron 24, 1070 Brüssel (Anderlecht), Tel. +32/(0)2/5215419, www.abattoir.be | **Anfahrt** Metro 2/6, Bus 46, Haltestelle Clemenceau | **Öffnungszeiten** Fr–So 7–14 Uhr | **Tipp** Die Brasserie La Paix 1892 gegenüber vom Markteingang war einmal eine Kneipe mit deftigem Essen für Marktbeschicker. Der neue Chef David Martin hat sich allerdings einen Stern erkocht.

88 Die Schwalbennestorgel

Ein Meisterwerk des Orgelbauers Gerhard Grenzing

Opulente Orgelkonzerte haben in den zahlreichen Brüsseler Kirchen eine lange und große Tradition. In Saint-Michel-et-Gudule, der katholischen Brüsseler Kathedrale und seit 1962 Sitz des Erzbischofs von Mechelen-Brüssel, kommt man seit dem Jahr 2000 in einen ganz besonderen musikalischen Genuss. Da nämlich wurde die Schwalbennestorgel des renommierten Orgelbauers Gerhard Grenzing in der linken vorderen Seite des Hauptschiffes erstmals zum Klingen gebracht.

Als es 1997 zur Ausschreibung einer neuen Orgel kam, ließen die Auftraggeber wissen, es solle ein Kunstwerk für das dritte Jahrtausend geschaffen werden, eine Orgel mit etwa 60 Registern und vier Manualen. Das alles raffiniert eingefügt in das vergleichsweise schmale und filigrane, nur elf Meter breite Hauptschiff der feingliedrigen gotischen Kirche. Die Statik der Architektur durfte unter der Tiefe und der Wucht der Orgel nicht leiden. Die Werkstatt des in der Nähe von Barcelona ansässigen deutschen Orgelbauers Gerhard Grenzing ging als Sieger aus dem Wettbewerb hervor. Der Plan: eine dreigeteilte Orgel in 17 Metern Höhe. Eine größere Schwalbennestorgel wurde zuvor in Europa nirgends gebaut. Die Orgel wurde in Spanien in einer gigantischen Halle komplett montiert, bespielt, dann wieder zerlegt, nach Brüssel transportiert und schließlich mit riesigen Kränen auf der Höhe der Triforien von 1273 im Hauptschiff von Saint-Michel aufgehängt. Am 1. Juni 2000, Christi Himmelfahrt, wurde die Orgel feierlich geweiht.

Damit erhielt die im gotischen Stil auf dem Treurenberg zwischen Unter- und Oberstadt errichtete Kathedrale, deren Bau 1226 begonnen und erst Ende des 15. Jahrhunderts mit den beiden Türmen vollendet wurde, ein Instrument der Extraklasse. Auf der Schwalbennestorgel geben seither die besten in- und ausländischen Organisten Konzerte. Eingebettet ins Ambiente dieser durch 16 große Fenster mit 1.200 Glasgemälden aus dem 16. Jahrhundert stets lichtdurchfluteten Kirche.

Adresse Saint-Michel-et-Gudule, Rue Place Sainte-Gudule, 1000 Brüssel | **Anfahrt** Metro 1/5, Haltestelle Gare Centrale/Centraal Station | **Öffnungszeiten** Mo–Fr 7–18 Uhr, Sa 8.30–15.30 Uhr, So 14–18 Uhr (Orgelkonzerte siehe Veranstaltungshinweise auf www.cathedralisbruxellensis.be) | **Tipp** In der Krypta lassen sich noch Teile der romanischen Vorgängerkapelle aus dem 8. Jahrhundert ausmachen, die zu den ältesten Spuren der Stadtgeschichte zählen.

89 Der Schwan
Karl Marx und der »Deutsche Arbeiterverein«

»Proletarier aller Länder vereinigt Euch!« Dieser Satz, dessen Inhalt Weltgeschichte schreiben sollte, entstand in Brüssel. Gemeinsam mit seinem Freund und Mitstreiter Friedrich Engels formulierte Karl Marx hier Mitte des 19. Jahrhunderts seine radikale Kritik der bürgerlichen Gesellschafts- und Wirtschaftsordnung seiner Zeit: das »Kommunistische Manifest«. Der Aufruf zum Klassenkampf an das internationale Proletariat sollte zu einer der Grundlagen des Marxismus werden.

Brüssel galt in diesen Jahren als Zentrum des internationalen Exils. Zahlreiche linke Denker und Politiker, die in ihren Ländern geächtet oder verfolgt wurden, flohen in die als weltoffen und liberal gepriesene belgische Hauptstadt. Auch Karl Marx siedelte 1845, aus Paris ausgewiesen, nach Brüssel über, wo er drei Jahre lang, bis zu seiner neuerlichen Ausweisung, lebte und arbeitete, so auch von 1846 bis 1848 in der Rue d'Ardenne in Ixelles.

1847 gründeten Marx und Engels in Brüssel den »Deutschen Arbeiter-Bildungsverein«. Zum regelmäßigen Tagungsort der im Exil lebenden deutschen Sozialisten wurde das Le Cygne (Der Schwan) an der Grand-Place. In diesem Zunfthaus – nach der Bombardierung der Brüsseler Innenstadt durch die Franzosen 1695 zerstört, im Jahr 1698 in neuer barocker Pracht grundsaniert, seit 1720 das Innungshaus der Fleischer – wurde gleichermaßen debattiert und gefeiert. Hier wurde 1847 das im Revolutionsjahr 1848 veröffentlichte »Kommunistische Manifest« in Teilen konzipiert und geschrieben, als Programmschrift für den gerade entstandenen »Bund der Kommunisten«. Im Schwan wurde 1885 auch die Belgische Arbeiterpartei gegründet. Eine Tafel am Haus verweist freilich eher aufs gesellige: »Karl Marx feierte 1847/1848 in diesem Haus mit dem Deutschen Arbeiterverein und der Association Démocratique Sylvester. Er lebte von Februar 1845 bis März 1848 in Brüssel.«

Adresse Grand-Place/Grote Markt 9, 1000 Brüssel | **Anfahrt** Metro 1/5, Haltestelle Bourse/Beurs und Gare Centrale/Centraal Station | **Öffnungszeiten** immer zugänglich | **Tipp** Heute beherbergt der Schwan das Restaurant La Maison du Cygne und ist Sitz und Zentrale des Cercle Ommegang, des Veranstalters des gleichnamigen Stadtfestes. Im Le Pigeon (Grand-Place 26–27) lebte ab 1852 der französische Schriftsteller Victor Hugo.

90 Die Senne

Der Fluss, den niemand sieht und kennt

Alle großen Städte liegen an einem Fluss: Paris, Rom, London. Nur Brüssel nicht. Das sieht so aus, stimmt aber nicht. Auch Brüssel liegt an einem Fluss, der Senne. Das legt schon der Name Brüssel nahe, bedeutet er doch »Ort am Sumpf«. Zugegeben, die Senne ist ein kleiner Fluss, nur 103 Kilometer lang, wird von der Maelbeek und der Woluwe gespeist und ist über die Dijle und Rupel ein indirekter Zufluss der Schelde. Die Senne hieß bis ins 10. Jahrhundert nicht einmal Senne, sondern Braine. Der aus dem Westfrankenreich stammende Karl von Niederlothringen ließ sich auf einer befestigten Insel im Feuchtgebiet der Braine nieder und führte in Anlehnung an die Seine den Namen Senne ein.

An der Senne lagen Gerbereien, Papiermühlen und Brauereien. Die nutzten ihr Wasser und leiteten die Abwässer zurück. Die Senne war praktisch ein offener Abzugsgraben, stank zum Himmel und galt zu Recht als einer der am stärksten verschmutzten Flüsse Europas. Deshalb wurde sie bei der Umgestaltung des Stadtkerns 1867 einfach komplett überbaut. Und also sieht man heute die Senne in Brüssel nicht – oder fast nicht. Nur eine kleine Stelle neben der Place Saint-Gery bietet Sicht auf den Fluss. In der Rue de la Grande Île steht eine alte Posthalterei aus dem 17. Jahrhundert, ein zweistöckiger roter Backsteinbau, das Lion d'Or, der goldene Löwe. 1980 wurde der gesamte Gebäudekomplex instand gesetzt. Dabei erschlossen sich zwei schöne Innenhöfe zu beiden Seiten des ehemaligen Brauerei- und Bäckereigebäudes des angrenzenden Klosters Riches-Claires. Dieser Bau überbrückte die Senne, und hier wurde sie dann wieder freigelegt. Auf einigen wenigen Metern ist das Flussbett rekonstruiert, auch für Brüsseler eine ungewohnte Ansicht.

Im Umland, außerhalb des Stadtgebiets, ist die Senne durchaus sichtbar. In den Feuchtgebieten entlang des Flusses gedeiht auch die Iris, die das Wappen der Region Brüssel-Hauptstadt ziert.

Adresse Rue de la Grande Île/Groot-Eilandstraat 1, 1000 Brüssel | **Anfahrt** Metro 3/4, Tram 32, Bus 86, Haltestelle Bourse/Beurs | **Öffnungszeiten** Der Hof des Lion d'Or ist privat. Tagsüber ist das Gittertor offen, der Hof zugänglich. Solange die Ruhe des Ortes respektiert wird, stört sich niemand an einem Besuch. | **Tipp** Die Kirche des Klosters Riches-Claires lohnt den Besuch. Gebaut hat sie der Rubens-Schüler Lucas Faydherbe. Besonders schön: der schiefergedeckte Holzturm und der weiße Marmoraltar.

91 Das Shoa-Denkmal
Innehalten im »maghrebinischen« Anderlecht

Belgien war spät dran, als am 19. April 1970 anlässlich der Feierlichkeiten zum 25. Jahrestag des Sieges und der Befreiung der Konzentrationslager eine Gedenkstätte für die unter deutscher Besatzung deportierten und ermordeten Juden eröffnet wurde. Bis dahin hatte die belgische Geschichtsschreibung und Öffentlichkeit die Verfolgung der Juden weitgehend verdrängt, wobei gerade in Belgien viele jüdische Mitbürger von einer couragierten Zivilbevölkerung gerettet worden waren. Zudem waren Wallonen und Flamen in den Jahren nach Kriegsende in erster Linie mit gegenseitigen Schuldzuweisungen beschäftigt, mit den Nationalsozialisten nach der Besetzung im Mai 1940 kollaboriert zu haben, und konnten sich lange über die Rolle des geleisteten Widerstandes nicht einigen.

Das Denkmal der beiden belgischen Architekten André Godart und Odon Dupire, überwiegend aus Beton und Stahl, sternförmig um eine Krypta angelegt, folgte weitgehend der Ausschreibung der staatlicherseits initiierten nationalen Gedenkstätte für die »jüdischen Märtyrer« Belgiens. Die auch als Freilicht-Synagoge zu nutzende Gedenkstätte verewigt auf schwarzen, in Betonmauern eingelassenen Granitplatten die Namen aller über 24.000 ermordeten belgischen Juden. Eingebettet wurde eine Urne mit Asche aus Auschwitz. Ein 1979 zusätzlich errichtetes Monument würdigt ausdrücklich die »jüdischen Helden«, die als belgische Widerstandskämpfer getötet wurden.

Von Anfang an musste die Gedenkstätte in Anderlecht, einem Stadtteil, in dem früher besonders viele Juden lebten und der heute überwiegend von maghrebinischen Muslimen bewohnt wird, geschützt und bewacht werden. Denn immer wieder kam es zu Übergriffen, Schmierereien und Vandalismus, die schließlich im Sommer 2006 mit der Verwüstung der Krypta und dem Diebstahl der Urne ihren unrühmlichen Höhepunkt fanden. Die gesamte Anlage wurde schließlich grundlegend erneuert und wird seitdem nur sporadisch auf spezielle Vereinbarung geöffnet.

Adresse Monument National aux Martyrs Juifs de Belgique à Bruxelles, Place des Martyrs Juifs, Rue Emile Carpentier, 1070 Brüssel (Anderlecht) | **Anfahrt** Bus 116/117/118/136/137/140/141/142/144/145/170/171, Haltestelle Anderlecht Grondel | **Öffnungszeiten** nach Vereinbarung; das Musée de la Résistance de Belgique, Rue van Lint 14, organisiert Führungen (Tel. +32/(0)2/5224041) | **Tipp** Über jüdisches Leben in Brüssel erfährt man viel im Jüdischen Museum (Musée Juif de Belgique) in der Rue des Minimes/Miniemenstraat 21.

92 Die Silberkugeln
Das 165 Milliarden Mal vergrößerte Eisenmolekül

Das Versprechen einer strahlenden Zukunft: das Atomium. Es wurde zum Wahrzeichen der Weltausstellung 1958 und zum Symbol für eine angeblich sichere und saubere Kernenergie. Die Bundesrepublik Deutschland hatte eine der Kugeln gemietet, und der Atompionier Otto Hahn begrüßte dort internationale Gäste. Genau ein halbes Jahr lang sollte die kühne Konstruktion aus Stahlskelett und Aluminiumhaut auf dem Messegelände stehen, um dann wieder abgerissen zu werden. So war der Plan.

André Waterkeyn (1917–2005), Ingenieur und Direktor des belgischen Stahlproduzenten Fabrimetal, hatte das Modell entworfen. Gebaut wurde es von den belgischen Architektenbrüdern André (1914–1988) und Jean Polak (1920–2012) in nur zwei Jahren. Neun Kugeln von jeweils 18 Metern Durchmesser, sechs davon begehbar, verbunden durch 20 Röhren von 3,30 Meter Durchmesser und 29 Meter Länge, 102 Meter hoch und circa 2.400 Tonnen schwer. Ein gewaltiger Koloss, der doch so leicht, fast filigran wirkt. Touristen, nicht nur asiatische, lieben das Fotomotiv, bei dem sie die Kugeln scheinbar in den Händen halten. Viel weniger Touristen besuchen das Atomium im Innern. Dabei verpassen sie nicht nur die raffinierte Lichtgestaltung des Münchener Lichtdesigners Ingo Maurer, sondern auch die Fahrten auf den mit 35 Metern seinerzeit längsten Rolltreppen Europas in den illuminierten Röhren zwischen den einzelnen Kugeln. Überhaupt sind die gesamten Treppenanlagen filigrane Kunstwerke. Zu empfehlen ist auch ein Besuch im Restaurant in der obersten Kugel mit einem faszinierenden Panoramablick.

Von 2003 bis 2006 wurde das Atomium generalüberholt. Da stand das »Provisorium« immerhin 45 Jahre. Nun ist es 100 Tonnen schwerer, weil die Außenhaut der Kugeln jetzt aus rostfreiem Stahlblech besteht. Darin sind Tausende, tagsüber unsichtbare Leuchten versenkt. Diese entfalten ihre besondere Wirkung erst nachts.

Adresse Square de l'Atomium, 1020 Brüssel (Laeken/Laken), Tel. +32/(0)2/4754775 | **Anfahrt** Metro 6, Tram 7, Bus 84/88, Haltestelle Heysel/Heizel | **Öffnungszeiten** täglich 10–18 Uhr | **Tipp** Für die Weltausstellung 1958 wurde der »Straßenring« rund ums Stadtzentrum gebaut. Meist sechs Spuren oberirdisch und vier Spuren unterirdisch: zwei Stockwerke gegen den Verkehrskollaps.

93 Die Solvay-Bibliothek
Auf den Spuren des großen Industriellen und Mäzens

Das Gebäude gilt als Meisterwerk des Eklektizismus des 20. Jahrhunderts, also eines Mixes aus verschiedenen Baustilen, vor allem mit zahlreichen Elementen des Jugendstils. Im Auftrag des Chemikers, Unternehmers und Mäzens Ernest Solvay (1838–1922) wurde die nach ihm benannte Bibliothek 1902 nach den Plänen der beiden Architekten Constant Bosmans (1851–1936) und Henri Vandeveld (1851–1929; nicht verwandt mit Henry Van de Velde), auf einer Anhöhe des innerstädtischen, im englischen Gartenstil entworfenen Leopoldparks unweit des heutigen EU-Parlaments gebaut. Gestiftet und finanziert als Wissenschaftszentrum und schließlich Soziologisches Institut der Universität Brüssel, verlor die Fakultät aus Platznot 1967 ihre Funktion im Leopoldpark, wurde aber lange noch als Bibliotheksaußenstelle genutzt, bevor sie 1981 ganz schloss, mehr als zehn Jahre leer stand und gänzlich zu verfallen drohte. In den 1990er Jahren wurde das Gebäude vollständig restauriert und 1994 schließlich in neuem Glanz wieder eröffnet.

Herzstück und alles dominierender Raum ist die in ihrer Größe und Wucht einem Kirchenschiff ähnelnde Bibliothek. Die von dem Soziologen Emile Waxweiler (1867–1916), dem einstigen Direktor des Solvay-Instituts für Soziologie, maßgeblich inspirierte Bibliothek mit ihren neuartigen, auf individuelles Lernen zugeschnittenen Lehr- und Lernräumen besticht mit ihrem durchgängigen Jugendstilinterieur: der bemalten Kassettendecke, der kunstvollen Mahagoniholzvertäfelung, den Bodenmosaiken und den aufwendigen Glasmalereien. Auf zwei Etagen und Galerien mit schmiedeeisernen Geländern rund um den in Rot gehaltenen, mit viel goldener Dekoration versehenen großen Lesesaal reihen sich Mahagoniregale voller historischer Bücher. Ausgeliehen werden kann nichts. Denn die Solvay-Bibliothek ist nach ihrer fünf Millionen teuren Restaurierung heute ein Ort für Events, Konzerte, Ausstellungen, Konferenzen und Empfänge.

Adresse Parc Léopold, Rue Belliard 137, 1040 Brüssel, Tel. +32/(0)2/7387596, www.edificio.be/fr/bibliotheque-solvay | **Anfahrt** Metro 1/5, Haltestelle Maelbeek oder Schuman; Bus 27, Haltestelle Parc Léopold | **Öffnungszeiten** von außen zu besichtigen, innen nur geführte Touren über Arkadia, Rue Royale 2–4, 1000 Brüssel, Tel. +32/(0)2/5636153 oder www.arkadia.be | **Tipp** Sehenswert: der um 1900 angelegte Parc Tournay-Solvay (Chaussée de la Hulpe) mit herrlichem Rosengarten und einer einst pompösen Villa, heute eine leer stehende Ruine.

94_Der Spiegelsaal
Die Skarabäen-Käfer des Jan Fabre

Es wirkt überdreht und aus der Zeit gefallen, ist aber gleichzeitig eines der ausgefallensten Kunstobjekte Brüssels. Und das ausgerechnet im Königspalast, genauer: im historischen Spiegelsaal. Im Jahr 2000 erhielt der 1958 in Antwerpen geborene belgische Künstler und Theaterregisseur Jan Fabre von Königin Paola höchstpersönlich den ungewöhnlichen Auftrag, den großen Spiegelsaal mit zeitgenössischer Kunst zu versehen, eine dauerhafte Arbeit zu installieren.

Der Künstler und die Königin einigten sich darauf, die Decke des Spiegelsaals, die zwischen der Stuckrahmung seit 1909 weiß war, gänzlich neu zu gestalten. Und da Jan Fabre, bekannt für spektakuläre Performances und avantgardistische Tanz-, Theater- und Operninszenierungen, nichts Beliebiges schaffen wollte, griff er in die Vollen, irritierte, aber begeisterte letztlich die königliche Familie und Kunstkritiker gleichermaßen. Immer schon der Symbolhaftigkeit der Natur verschrieben, griff er zum Skarabäus, diesem den Ägyptern göttlichen Käfer mit seinem so intensiv grün schillernden Panzer, der sich bereits seit Jahren durch das malerische und zeichnerische Werk Fabres zog.

Aufwendig wurden die Käfer nach Brüssel geschafft und präpariert. Mit über einer Million winziger Skarabäen-Rückenpanzer wurde die Decke des Spiegelsaals mosaikhaft bedeckt, ganz dicht, in Schichten, grün schimmernd, aber auch je nach Lichteinfall blau und türkis, stets glänzend. Ebenso wurde der an der Decke hängende riesige Kristallleuchter lückenlos mit Skarabäen verziert. Über 30 Helfer hatten drei Monate lang das Mosaik der Käfer gesetzt, nach einer zweijährigen Vorbereitungsphase, während der die toten Insekten zerlegt und präpariert werden mussten. 2002 erfolgte dann die feierliche Übergabe dieses Kunstwerks in der seit 1830 den belgischen Königen dienenden neoklassizistischen Residenz.

Adresse Palais Royal, Place de Palais/Paleizenplein, Rue Bréderode 16, 1000 Brüssel, Tel. +32/(0)2/5512020 | **Anfahrt** Metro 1/5, Haltestelle Gare Centrale/Centraal Station; Metro 2, Haltestelle Trône/Troon | **Öffnungszeiten** nur in den Sommermonaten Di–So 10.30–16.30 Uhr | **Tipp** Es lohnt ein intensiver Besuch des königlichen Schlosses mit seiner beeindruckenden Gemäldesammlung aus dem 18. und 19. Jahrhundert, den prunkvollen Salons, der Großen Galerie und dem Thronsaal.

95 Die Statuen
Die Zünfte und der Widerstand gegen Spanien

Die kleine Place du Petit Sablon gegenüber der spätgotischen Kirche Notre-Dame de Sablon ist beschaulich, eine sorgfältig gepflegte Grünoase mit gestutzten Hecken, Blumenrabatten und Bänken zum Verweilen. Bevor man sie betritt, sollte man den mit einem kunstvoll gestalteten schmiedeeisernen Gitter umgebenen, trapezförmigen Park von 1890 einmal umrunden. Denn hier begibt man sich auf eine Zeitreise ins 16. Jahrhundert, in die Welt der Brüsseler Handwerksgilden und Zünfte. Auf 48 gotischen Säulen begrüßen den Passanten bronzene Vertreter ihrer Zeit, versehen mit den entsprechenden Requisiten ihrer Zünfte: der Polsterer mit der Garnrolle, der Kupferschmied mit dem Hammer, der Fetthändler mit der Schlachtgans oder der Rüstungsmacher mit dem Degen. Alle Figuren sind bis ins Detail durchkomponiert. Der Architekt der Place du Petit Sablon, der Belgier Hendrik Beyaert (1823–1894), hatte die Gestaltung der Figuren dem Maler Xavier Mellery (1845–1921) und dem Jugendstilarchitekten Paul Hankar (1859–1901) übertragen, der von 1879 bis 1892 in seinem Büro arbeitete und später einer der Großen seines Genres werden sollte. Als Reminiszenz an ihren Chef tragen einige der modellierten Handwerker die Gesichtszüge Beyaerts.

Den hinteren Teil des leicht aufsteigenden Gartens, der vom 13. bis 18. Jahrhundert als Friedhof eines nahen Krankenhauses diente, dominieren auf einem Sockel inmitten eines sprudelnden Brunnens die Grafen Egmont und Hornes (oder Hoorn), die den Aufstand gegen die spanische Herrschaft unter Philipp II. anführten und 1568 auf der Grand-Place enthauptet wurden. Ursprünglich stand das 1864 geschaffene Denkmal des Bildhauers Charles Auguste Fraikin (1817–1893), das die beiden Freiheitskämpfer auf dem Weg zum Schafott zeigt, vor der Maison du Roi, dem Ort der Hinrichtung. In einem Halbkreis wird der Brunnen von zehn Statuen umrundet, die Politiker, Intellektuelle und Künstler des 16. Jahrhunderts zeigen.

Adresse Place du Petit Sablon / Kleine Zavel, Rue de la Régence / Regentschapsstraat, 1000 Brüssel | **Anfahrt** Metro 3/6, Haltestelle Louise / Louiza oder Porte de Namur / Naamsepoort; Tram 92/93, Bus 27/95, Haltestelle Petit Sablon | **Öffnungszeiten** Eingang Rue de la Régence; immer zugänglich | **Tipp** Unweit der Parks stößt man auf die Synagoge von 1875 (Rue de la Régence 32).

96_ Der Stoffladen
Bestes Tuch beim »Grünen Hund«

Es gibt Menschen, die besuchen Brüssel überhaupt nur, um im »Grünen Hund« einzukaufen oder sich inspirieren zu lassen. Genau genommen handelt es sich um zwei Läden, den »Chien Vert« und den »Chien du Chien«, die direkt nebeneinanderliegen und miteinander verbunden sind. Wer jemals in diesen ungewöhnlichen Stoffläden eingekauft hat, der kommt immer wieder.

Der Quai des Charbonnages, der Steinkohlekai, liegt in Molenbeek, direkt am Kanal Brüssel–Charleroi im alten Industrieviertel, ehemals die Gegend der Brauereien und großen Lagerhallen. Als die Industrie schrumpfte und die Produktion an die Peripherie verlagert wurde, verfielen die Lagerhallen. Sie wurden nicht mehr benötigt. Molenbeek verarmte, wurde zum Einwandererviertel, vornehmlich für Menschen aus Nordafrika. In den 1990er Jahren entdeckte Guy François den Charme dieser Hallen. Der Sohn eines Bootsbauers verkaufte damals Stoffe en gros. Für »zweimal Nichts« mietete er ein Haus ohne Strom oder ähnlichen Luxus direkt am Kai, Kreuzung »Rue du Chien Vert«, um hier Stoff auch en detail anzubieten. Et voilà: Geboren waren eine Geschäftsidee und ein Markenname. Die Stoffe vom Chien Vert.

In den folgenden Jahren schaffte François eine einzigartige Mischung seiner Leidenschaften für Stoffe, Boote und Architektur. In den Geschäften hängen Original-Segelboote und -Fischkutter an der Decke, aus dekorativen Gründen und um die Stoffe in Szene zu setzen. Dem nämlichen Zweck dienen ein Trabi, ein Flugzeug und ein Klavier. Zugeschnitten wird auf alten Billard- und Snookertischen. Zu kaufen gibt es hier alles: von echten Saris bis zu feiner Spitze oder Leder, Tausende Stoffe für Kleider oder Möbelbezüge, dazu Knöpfe, Bänder und Bordüren. Aber das Beste ist: Man muss weder Stoffe lieben noch schneidern können, um sich in diese Läden zu verlieben. Eine Stunde in der bunten Mischung aus Stil und Schönheit macht jeden glücklich.

Adresse Le Chien Vert, Rue du Chien Vert/Groene Hondstraat 2, 1080 Brüssel (Molenbeek), Tel. +32/(0)2/4115439; Quai des Charbonnages 50a, 1080 Brüssel, Tel. +32/(0)2/4148400), www.chienvert.com | **Anfahrt** Metro 1/5, Haltestelle Comte de Flandre/Graaf van Vlaanderen; Tram 51, Haltestelle Petit Château | **Öffnungszeiten** Mo–Sa 10–18 Uhr | **Tipp** Auch andere Geschäfte haben den Reiz der alten Hallen am Kai entdeckt: das Depot Design oder das Hotel Meininger in der ehemaligen Bellevue-Brauerei. Direkt davor das neue Museum MIMA, gewidmet der Rolle des Internets in der modernen Kultur.

97 _ Das Surrealistenhaus
Magrittes Motive auf Schritt und Tritt

Im Juli 1930 kamen René Magritte und seine Frau Georgette Berger nach dreijährigem Parisaufenthalt zurück nach Brüssel und mieteten ein unspektakuläres Haus in der Rue Esseghem im Vorort Jette. 24 Jahre sollte das Ehepaar Magritte hier leben. Kein Luxus, kein riesiges Atelier; ein normales, dreistöckiges, kleinbürgerliches Haus wurde zum Zentrum des belgischen Surrealismus. Einmal in der Woche trafen sich hier die Magrittes und ihre Surrealistenfreunde, planten Happenings oder verfassten Traktate zu Fragen der Kunst oder Politik.

Mehr als die Hälfte aller bekannten Bilder Magrittes sind in ebendiesem Haus entstanden. Und das macht den Reiz für den Besucher aus. Viele Elemente oder gar Vorbilder der Gemälde stammen von hier: Man erkennt die Glastüren des Salons, das Treppenhaus, den Kamin, die »Guillotinen«-Fenster, ja selbst die Straßenlaterne vor dem Anwesen. Magritte wollte Denk- und Sehgewohnheiten erschüttern, indem er Gegenstände naturalistisch malte, um sie dann durch unerwartete Zusammenstellungen zu verfremden. Zu einem seiner berühmtesten Werke – »Der Verrat der Bilder (Dies ist keine Pfeife)« – sagte er: »Ein Bild ist nicht zu verwechseln mit einer Sache, die man berühren kann. Können Sie meine Pfeife stopfen? Natürlich nicht! Sie ist nur eine Darstellung. Hätte ich auf mein Bild geschrieben, dies ist eine Pfeife, so hätte ich gelogen. Das Abbild einer Marmeladenschnitte ist ganz gewiss nichts Essbares.«

Die unteren Stockwerke des Hauses sind originalgetreu eingerichtet, versehen mit Fotos, Manuskripten, Briefen und Zeichnungen. Aus dem dritten Stock blickt man auf das »Studio Dongo« im Garten. Hier vermarktete Magritte seine »Gebrauchsgrafik«, gestaltete Plakate für Theater- und Musikveranstaltungen oder auch Zigarettenpackungen. Gemalt hat René Magritte zeitlebens in der Küche – da war es wärmer und er näher bei seiner Frau. Die Staffelei steht heute noch dort.

Adresse René Magritte-Museum, Rue Esseghem 135, 1090 Brüssel (Jette), Tel. +32/(0)2/4282626 | **Anfahrt** Tram 19/51/62/93, Haltestelle Cimetière de Jette; Bus 49/53/88, Haltestelle Woeste | **Öffnungszeiten** Mi–So 10–18 Uhr | **Tipp** 2009 wurde das Magritte-Museum auf der Place Royale/Königsplatz im Stadtzentrum von Brüssel als Teil der Königlichen Museen der Schönen Künste eröffnet. Begraben sind René Magritte und Georgette Berger auf dem Friedhof von Schaerbeek.

98 Die Tafel
Ein Weltstar aus Ixelles/Elsene

Es gibt Brüsseler, deren Namen jeder mit der Stadt verbindet. Maurice Béjart etwa, Eddy Merckx und natürlich Jacques Brel. Von anderen wissen eher wenige. Zu denen gehören die Modeschöpferin Ira von Fürstenberg und: Audrey Hepburn. Die Schauspielerin, Star in Filmen wie »Frühstück bei Tiffany« oder »Krieg und Frieden«, hatte alle vier wichtigen Preise der US-Unterhaltungsindustrie gewonnen – Oscar, Emmy, Grammy und Tony Award –, aber Amerikanerin war sie nicht.

Audrey Kathleen Ruston wurde als Tochter des englischen Bankiers Joseph Victor Anthony Ruston und seiner niederländischen Frau Ella Baroness van Heemstra 1929 in der Rue Keyenveld 48 im Brüsseler Stadtteil Ixelles/Elsene geboren – der Vater änderte den Namen erst später in Hepburn-Ruston. Im Alter von sechs Wochen erkrankte das Baby an Keuchhusten und wäre beinahe erstickt. Sechs Jahre lebte Audrey in Brüssel, eine Kindheit, über die wenig bekannt ist. Anschließend besuchte sie eine Mädchenschule in Kent. Die Eltern trennten sich. Die Mutter zog 1939 mit Audrey und deren beiden Halbbrüdern in die Nähe von Arnheim. Dort überlebte die Familie Krieg und deutsche Besatzung, Audrey Hepburn unter dem Namen Edda van Heemstra. Eine erste Karriere als Balletttänzerin scheiterte. Ihre Muskulatur war zu schwach, als Folge der Mangelernährung im Krieg. Sie arbeitete als Modell, spielte in zwei kleinen Filmen. Die Schriftstellerin Colette (1873–1954) entdeckte sie für eine Broadway-Inszenierung. Hollywood wurde auf die junge Frau aufmerksam, und gleich für ihre erste Hauptrolle in »Ein Herz und eine Krone« erhielt sie den Oscar. Audrey Hepburn wurde zum Weltstar.

In der Rue Keyenveld 48 erinnert eine schlichte Messingtafel an Audrey Hepburn, die über sich selbst sagte: »Meine Biografie müsste so anfangen: Ich wurde in Brüssel, Belgien, am 4. Mai 1929 geboren … und starb sechs Wochen später.« Zum Glück nicht. Tatsächlich gestorben ist Audrey Hepburn 1993.

Adresse Rue Keyenveld / Keienveldstraat 48, 1050 Brüssel (Ixelles / Elsene) | **Anfahrt** Tram 92/93/94, Haltestelle Stephanie; Bus 54/71, Haltestelle Quartier St. Boniface | **Öffnungszeiten** immer zugänglich | **Tipp** Auf der Avenue Louis Lepoutre (Place Brugmann) steht die Büste des argentinischen Schriftstellers Julio Cortàzar, der als Diplomatensohn in Brüssel geboren wurde. Die Büste und eine Plakette am Eckhaus (gleich rechts) erinnern an ihn.

99 Das Taubendenkmal
Geheime Botschaften im Ersten Weltkrieg

Bekanntmachung der deutschen Heeresleitung vom 16. November 1914: »Die Besitzer von Tauben und Taubenschlägen jeder Art haben diese anzumelden … Ein Herausschaffen von Tauben aus der Stadt ist verboten.« Schon länger hegten die Deutschen den Verdacht, dass es innerhalb Belgiens einen regen feindlichen Brieftaubenverkehr gab, mit wichtigen Depeschen über die deutschen Heeresverhältnisse. Dann gelang es ihnen, »eine Taube auf dem Weg zum Feind abzuschießen«. Bekanntmachung vom 3. Mai 1915: »Bis zum 6. Mai dieses Jahres 8 Uhr abends (deutsche Zeit) sind alle Tauben im ganzen Gebiet der 4. Armee zu töten. Jeder Transport von lebenden Tauben ist verboten.« Dazu die Androhung strengster Bestrafung. Und die ersten Urteile. Bekanntmachung vom 22. Februar 1916: »Durch feldgerichtliches Urteil sind aufgrund der Verordnung des Oberbefehlshabers der 4. Armee wegen verbotenen Taubenbesitzes die Belgier (mehrere Namen) zu je zwei Jahren Gefängnis verurteilt worden.«

Im März 1931 wurde das Denkmal für die Soldatentauben des Ersten Weltkriegs enthüllt. Es stellt eine schöne antikisierte Göttin dar, die das Vaterland symbolisiert. Auf ihrer ausgestreckten rechten Hand entlässt sie eine Taube zu geheimer Mission in die Lüfte, während sie in der anderen einen Palmenzweig hält und damit an die belgischen Tauben erinnert, die fürs Vaterland »gefallen« sind. Gleichzeitig prangt am Denkmal in goldenen Lettern, umkränzt von Girlanden aus Blättern und Lorbeer und den Zahlen 1914 und 1918, eine Hommage an die Taubenzüchter, die ihre Tiere der Armee zur Verfügung gestellt und sie im Krieg für das Vaterland verloren hatten.

Entworfen hat das Denkmal mit dem weiträumigen Entree zu der auf einem Granitpodest stehenden Bronzestatue der Architekt Georges Hano, der auch für das Brüsseler Stadtparlament verantwortlich zeichnete. Realisiert wurde die Statue durch den Brüsseler Bildhauer Victor Voets.

Adresse Rue Locquenghin zwischen Quai aux Barques und Quai à la Houille, 1000 Brüssel | **Anfahrt** Metro 1/5, Haltestelle Sainte-Catherine/Sint-Katelijne | **Öffnungszeiten** immer zugänglich | **Tipp** Genau gegenüber liegt das Denkmal für die Toten der Panzereinheiten beider Weltkriege. Das neoklassizistische Gebäude des Brüsseler Stadtparlaments in der Rue du Lombard 69 mit dem aufgesetzten Plenarsaal lohnt einen Blick, ebenso wie das angrenzende, wabenförmig verkleidete Gebäude des Parlement francophone bruxellois von 2014.

100 Das Tauchbecken
Tief unter Wasser inmitten der Stadt

Jules Verne stand bei der Namensgebung Pate: Nemo 33 heißt das 2004 im Stadtteil Uccle-Stalle eröffnete Tauchzentrum. Bis vor zwei Jahren beherbergte es das tiefste Indoor-Tauchbecken der Welt. Inzwischen gibt es in Italien ein noch tieferes. Trotzdem ist das geflieste Süßwasserbecken weiterhin gigantisch: Es fasst 2,5 Millionen Liter nicht gechlortes Wasser, ist 35 Meter tief und misst an der Oberfläche 12 mal 15 Meter. In die Tiefe geht es bei mindestens 30 Grad Wassertemperatur dann in verschiedenen Absätzen. Vom Hauptbecken zweigen Höhlen ab, in denen zum Teil auch aufgetaucht werden kann; es gibt diverse Fenster, durch die die Taucher aus dem Becken heraus- und andersherum Besucher ins Becken hineinschauen können.

Schon als junger Mann hatte der Taucher John Beernaerts 1978 die Idee zu einem Tauchbecken. Damals sah die Realität nicht nur in Belgien so aus: Kalte Seen und Flüsse mit eingeschränkter Sicht von wenigen Metern und ab 15 Metern Wassertiefe völlige Finsternis; Tauchunfälle waren an der Tagesordnung und dazu Tauchlehrer, die glaubten, ein guter Taucher könne nur werden, wer seine Ängste gegenüber solchen Bedingungen überwinde. 20 Jahre später machte sich Beernaerts daran, seine Idee tatsächlich umzusetzen und ein Becken zu entwerfen, das ein größtmögliches Maß an Sicherheit mit Freude am Tauchen in tropischen Wassertemperaturen verbindet. Am 1. Mai 2004 wurde Nemo 33 eröffnet. Es gibt Kurse für Anfänger und Fortgeschrittene sowie Tauchgänge in Gruppen in unterschiedlichen Schwierigkeitsgraden. Das Wasser ist trinkbar. Umweltschutz wird großgeschrieben. Bis auf den vorgeschriebenen Tauchcomputer kann das gesamte Equipment kostenlos geliehen werden, eigene Wasserflaschen oder Taucheranzüge sind allerdings nicht erlaubt, und Handtücher, Taschen und Fotoausrüstungen müssen in den Umkleidekabinen bleiben. Vorherige Reservierung der Tauchgänge ist, besonders am Wochenende, angeraten.

Adresse Nemo 33, Rue de Stalle 333, 1180 Brüssel (Uccle/Ukkel), Tel. +32/(0)2/3323334, www.nemo33.com | **Anfahrt** Tram 4/32/82/97, Haltestelle Carrefour Stalle; Bus 98, Haltestelle Carrefour Stalle | **Öffnungszeiten** täglich 10–18 Uhr, Sa, So 11–18 Uhr | **Tipp** Bei YetiSki in Anderlecht kann man auf einer synthetischen Piste sommers wie winters seine Ski- und Snowboardtechnik mitten in der Stadt aufpolieren.

101 Die Terrasse
Musikalischer Panoramablick

Man kann auch ohne Museumsbesuch hoch in den sechsten Stock des ehemaligen, in den letzten beiden Jahren des 19. Jahrhunderts gebauten Kaufhauses Old England fahren, ein Juwel der Brüsseler Jugendstilarchitektur. Da, wo die Cafeteria und das Museumsrestaurant einladen, wo sich einst die feine Brüsseler Gesellschaft zum Nachmittagstee traf, tut sich dem Besucher eine Dachterrasse auf, die eine der exklusivsten Aussichten über Brüssel bereithält. Durch das filigrane schmiedeeiserne Geflecht, das sich um das an die oberen Stockwerke angesetzte Eckürmchen des reich verzierten Gebäudes rankt, eröffnet sich der Blick hin zum Rathaus an der Grand-Place und bis zum Koekelberg mit seiner mächtigen Basilika. Im hinteren Teil des von außen laubenartig wirkenden Obergeschosses mit der mittigen Kuppel und dem überdimensionierten Bogenfenster sitzt man sommertags auf der Sonnenterrasse im Freien und schaut fast bis zur Stadtgrenze.

Das Old England, ein architektonisches Meisterwerk aus Gusseisen, Stahl und Glas des belgischen Architekten Paul Saintenoy (1862–1952), eines Zeitgenossen Victor Hortas und Paul Hankars, ist eines der herausragenden Bauwerke des Brüsseler Art nouveau. Zwischenzeitlich drohte es zu verfallen, nachdem es als exklusives Warenhaus der Brüsseler High Society mit internationalem Ruf die Tore geschlossen hatte.

Seit 2000 beherbergt Old England das MIM, das Brüsseler Musikinstrumente-Museum, mit rund 7.000 Instrumenten eine der weltweit bedeutendsten Sammlungen dieser Art. Rund 1.200 Exponate sind auf vier Etagen ausgestellt – von der altägyptischen Harfe bis zur Elektronik des 20. Jahrhunderts. Ein Schwerpunkt: Tasten- und Saiteninstrumente. Nicht entgehen lassen sollte man sich die Präsentation zu Instrumenten des Belgiers Adolphe Sax (1814–1894), der ab 1835 am Brüsseler Konservatorium studierte, zum Instrumentenbauer wurde und das Saxofon erfand.

Adresse MIM, Rue Montagne de la Cour/Hofberg 2, 1000 Brüssel, Tel. +32/(0)2/5450130, www.mim.be | **Anfahrt** Metro 1/5, Tram 92/94, Haltestelle Gare Centrale/Centraal Station und Parc/Park | **Öffnungszeiten** Di–Fr 9.30–17 Uhr, Sa, So 10–17 Uhr | **Tipp** Der Architekt Paul Saintenoy renovierte 1894 den benachbarten Ravensteinhof (flämischer Historismus) und baute 1898 die sich daran anschließende Apotheke Delacre.

102 Das Théâtre Flamand
Die Koninklijke Vlaamse Shouwburg im Alten Hafen

Das Königlich Flämische Theater (KVS) liegt im alten Hafengebiet von Brüssel. Die Straßen rechts und links des Hauses begrenzen als lang gestrecktes Rechteck ein ehemaliges Hafenbecken und einen Viehmarkt und heißen bis heute Quaderstein- und Heu-Kai. 1779 ließ die Stadt Brüssel hier ein großes Gebäude als Waren- und Zolllager errichten. Das wurde 1860 in ein Arsenal für die Armee umgewidmet und ab 1883 durch den Architekten Jean-Baptiste Baes (1848–1914) zu einem Theater umgebaut. Entsprechend der neuen Nutzung war es ein Komplettumbau, innen und außen, abgeschlossen 1887. Baes »drehte« das Haus im Prinzip um 180 Grad. Die alte Vorderansicht des Arsenals blieb erhalten, wurde aber zur Rückseite. Den Haupteingang verlegte Baes als Teil einer völlig neu gestalteten Fassade zur Rue de Laeken hin. Kunsthistoriker bezeichnen den Baustil als Eklektizismus, eine Mischung aus Stilen unterschiedlicher Epochen: ein gotisch anmutendes Dach mit Renaissance-Verzierungen und dazu auf vier Etagen umlaufende und mit geschmiedeten Eisengittern bewehrte Terrassen der Industriearchitektur. Was sich nach Sammelsurium anhört, sieht tatsächlich stattlich aus und ist zudem höchst praktisch. Die großen Terrassen sind nicht nur schön, sondern dienen zugleich als Aussichtsplattform, Pausenraum und sehr leistungsfähige Fluchtwege. Als das Theater 1955 nahezu komplett ausbrannte, wurde diese Multifunktionalität auf makabere Weise unter Beweis gestellt.

Das Gebäudeäußere konnte nach dem Brand wiederhergestellt werden, im Innern nur die große Treppe und das Foyer mit einer Bar im ersten Stock. Doch allein dafür lohnt der Besuch. Theatersaal und -technik sind zu Beginn des Jahrtausends radikal auf einen modernen Stand gebracht geworden, was knapp zehn Jahre dauerte. Heute ist das Programm multikulturell und weltoffen mit Aufführungen in Niederländisch, Französisch und anderen Sprachen, häufig mit Übertiteln. Dazu gibt es Ausstellungen, Konzerte und Tanz.

Adresse Rue de Laeken/Lakensestraat 146, 1000 Brüssel, Tel. +32/(0)2/2101112 | **ÖPNV** Metro 2/6, Tram 5, Bus 47/58/88, Haltestelle Yser/IJzer | **Öffnungszeiten** jeweils eine Stunde vor Veranstaltungsbeginn | **Tipp** Ins nahe gelegene La Tentation (Die Versuchung) geht man, um spanisch-galizisch zu essen und zu trinken, vor allem aber, um zu tanzen – Samba, Bossa Nova, Salsa und Swing, häufig zu Livemusik.

103 Der »Tod des Marat«
Jacques-Louis Davids spektakulärer Wurf von 1793

»Der Tod des Marat« gehört zu den herausragenden Zeugnissen um die Wirren der Französischen Revolution. Es zeigt den sterbenden Jean-Paul Marat (1743–1793), den radikalen Revolutionär, Jakobiner und seit 1792 Abgeordneten des Französischen Nationalkonvents, am 13. Juli 1793, nackt in seiner Badewanne. Minuten zuvor war er von der 25-jährigen Adeligen Charlotte de Corday, die sich mittels eines Briefes trickreich Zugang zur Wohnung Marats verschafft hatte, mit einem Küchenmesser erstochen worden. Marat, der an einer tückischen Hautkrankheit litt, verbrachte häufig mehrere Stunden des Tages im Bad, wo er auch wesentliche revolutionäre Schriften verfasste.

Bereits einen Tag nach der Ermordung Marats begann der Historienmaler Jacques-Louis David (1748–1825), ein enger Freund des Revolutionärs, mit dem Gemälde. David hatte Marat einen Tag vor der Bluttat das letzte Mal besucht – im Bad. Nach knapp drei Monaten war das im klassizistischen Stil gemalte Ölgemälde (162 mal 128 Zentimeter) fertig und wurde an der Stirnseite des Nationalkonvents über dem Sitz des Präsidenten aufgehängt. Das Bild zeigt Marat in der sterbenden Pose eines Märtyrers der Revolution, in der Hand das Einlassschreiben mit dem Namen der Mörderin. Bereits vier Tage nach der blutigen Tat wurde die junge Royalistin vom Revolutionstribunal zum Tode durch die Guillotine verurteilt.

Nach dem Sturz des Revolutionärs Robespierre wurde das Gemälde, das auch als Stich zehntausendfach verbreitet war und zu einer Ikone der Französischen Revolution wurde, aus der Nationalversammlung entfernt und verfemt. David übermalte und versteckte es zwischenzeitlich, um es vor der Zerstörung zu retten. Spätere französische Regierungen des frühen 19. Jahrhunderts weigerten sich, das Bild anzukaufen. Schließlich vermachte es ein Neffe Jacques-Louis Davids 1893 dem Königlichen Museum in Brüssel, wo der Maler auch die letzten Jahre seines Lebens verbracht hatte.

Adresse Musée Royaux des Beaux Arts de Belgique, Rue de la Régence/Regentschapsstraat 3, 1000 Brüssel | **Anfahrt** Metro 1/5, Haltestelle Gare Centrale/Centraal Station und Parc/Park; Tram 92/94, Haltestelle Royale | **Öffnungszeiten** Di–Fr 10–17 Uhr, Sa, So 10–18 Uhr | **Tipp** Das Königliche Museum der Schönen Künste wartet mit vielen Schätzen auf und lohnt einen ausgiebigen Besuch. Auf keinen Fall auslassen sollte man auf der Ebene der »Alten Meister« die Werke von Pieter Bruegel dem Älteren, Hieronymus Bosch und Hans Memling.

104_ Die Tour-&-Taxis-Halle
Ein neues Stadtviertel und ein Musikfestival

Von der holperigen Kopfsteinpflasterstraße direkt am Kanal sieht man eine imposante Halle in der Industriearchitektur des beginnenden 20. Jahrhunderts: 200 Meter lang, 60 Meter breit, Ziegel und Blaustein mit Türmen verziert, riesig und majestätisch. Der Gebäudekomplex Tour & Taxis ist in Anlehnung an den belgischen Zweig der in Deutschland als Thurn und Taxis bekannten Familie benannt, die einst das Postwesen in Europa beherrschte. Das zentrale Gebäude gehört zu einem umfangreichen Hallenkomplex auf dem 4.000 Quadratmeter großen Gelände.

Betritt man das fünfstöckige sogenannte Entrepot Royal durch eines der Portale an den beiden Stirnseiten, stockt einem der Atem: Der Mittelgang ist eine Halle so breit wie eine Straße, in mehr als 20 Metern Höhe überwölbt von einem Glasdach; rechts und links findet man trendige Geschäfte, Bars und Cafés. Von den vier oberen Etagen sieht man nur die großen, schmiedeeisernen, mit Brücken verbundenen Terrassen. Hier haben Anwälte, Verlage, Makler und sogar Disney Belgien ihre Büros. Kaum zu glauben, dass dieses Gebäude 20 Jahre zuvor eine Ruine war.

1900 erschloss die belgische Bahn das zentrumsnahe Gebiet am Kanal für ein neues Güter- und Logistikzentrum. Anfang der 1960er Jahre arbeiteten hier rund 3.000 Menschen, doch mit der Einführung der europäischen Zollunion 1968 verlor das Gebäude seine Funktion, stand viele Jahre leer und verfiel. 1990 entdeckten junge Leute die Industriebrache für ihre Zwecke: Die leeren Hallen und Freiflächen waren der ideale Ort für ein Musikfestival. Seitdem findet hier jedes Jahr für drei Tage eines der wichtigsten Festivals für Weltmusik statt: das Couleur Café. Alle Großen haben hier gespielt: James Brown, Jimmy Cliff, Santana oder Gilberto Gil. Nun erkannten auch finanzkräftige Investoren das Potenzial des Geländes. Seit 2001 wurde damit begonnen, was heute bereits teilweise in Betrieb ist: ein neues, modernes Stadtviertel in historischer Kulisse.

Adresse Avenue du Port/Havenlaan 86c, 1000 Brüssel, www.tour-taxis.com | **Anfahrt** Bus 14/15, Haltestelle Tour et Taxis; Bus 57/88, Haltestelle Armateurs | **Öffnungszeiten** täglich 8–24 Uhr | **Tipp** Auch an der Place Rogier entsteht ein neues Viertel aus ultramodernen gläsernen Hochhäusern. Hier scheint es, als wolle sich Brüssel wie New York gerieren.

105 — Die Train World
Die betörende Reise durch die Welt der Eisenbahn

Der belgische König gab sich am 24. September 2015 höchstpersönlich die Ehre und besuchte den historischen Bahnhof aus dem Jahr 1887 im Stadtteil Schaerbeek. Der Grund: die Einweihung der »Train World«, eines Eisenbahnmuseums, wie es wohl kein zweites in Europa gibt.

Belgien pflegt seine Eisenbahntradition in besonderem Maße, schließlich verkehrte der erste Zug für Reisende auf dem europäischen Kontinent am 5. Mai 1935 zwischen Brüssel und Mechelen. Und der Bahnhof Schaerbeek mit seiner beeindruckenden Architektur des 19. Jahrhunderts, der heute einzige vollständig erhaltene Bahnhof Brüssels und mit vielen Gleisen noch voll in Funktion, liegt auf ebendieser ersten Strecke des belgischen Eisenbahnnetzes.

Ein Teil des Bahnhofs mit seiner imposanten, im flämischen Renaissance-Stil gehaltenen Wandelhalle gehört zur 8.000 Quadratmeter umfassenden Museumslandschaft. Dazu zählen neben einer bespielten Außenfläche zu den Gleisen hin vier große ineinander übergehende Industriehallen mit unterschiedlichen Geschoss-Ebenen, von deren Brücken aus man auf die Schienen des Bahnhofs und auch in Richtung Stadt blicken kann. In den neu errichteten Hallen sind 22 historische Lokomotiven und Waggons zu bestaunen, alles Originale: die erste in Belgien gebaute Dampflokomotive »Le Belge« von 1835, die »Pays de Waes« von 1844, die stromlinienförmige Typ-12-Dampflokomotive und aktuelle Hochgeschwindigkeitszüge. Dutzende Wagen sind zu sehen, luxuriöse Abteile der 1. Klasse und der königliche Salonwagen. Eine Original-Eisenbahnbrücke aus dem 19. Jahrhundert, ein Gleisbett unter einer durchsichtigen Abdeckplatte, Signale, ein Stellwerk, Bahnhofsuhren aller Art. Konzeptionell entwickelt hat die interaktive »Train World«, die zahlreiche Überraschungen für die Besucher bereithält, der 1956 hier geborene Comicautor (»Brüsel«) und Künstler François Schuiten im Auftrag der Nationalen Belgischen Eisenbahngesellschaft SNCB.

Adresse Place Princesse Elisabeth 5, 1030 Brüssel (Schaerbeek/Schaarbeek), Tel. +32/(0)2/2247498 | **Anfahrt** Tram 7/92 und Bus 58/59, Haltestelle Schaerbeek | **Öffnungszeiten** Di–So 10–17 Uhr (letzte Tickets um 15.30 Uhr) | **Tipp** Entlang der Rue Royale fährt man auf die gewaltige Kirche Sainte-Marie von Schaerbeek mit ihrer riesigen Kuppel zu.

106 _ Das Tropismes
Eine der schönsten Buchhandlungen der Welt

Diese Räume haben schon eine Menge gesehen: Ende des 19. Jahrhunderts traf sich hier im noblen Café du Prince die feine Brüsseler Gesellschaft. Dann wurde aus den Räumlichkeiten ein Bierlokal, mit allem modischen Schnickschnack der Zeit. Hohe Decken, Säulen, Eisenträger, Stuck. Gebinde aus Lianen und Hopfenzweigen. Auf den Säulen Raubvögel, Schwäne mit geöffneten Schwingen. Die Decken mit Muscheln verziert, überdimensionale gerahmte Spiegel, die das Licht raffiniert reflektieren. Industriedekor der Zeit, in Szene gesetzt von einem unbekannten Architekten. Verschiedene Mieter, verschiedene Aktivitäten.

Mal waren die Räume Salon für orchestrale Musik, in den 1920er Jahren schließlich Billardsalon, dann wieder Kabarett- und Tanzlokal. Nach dem Zweiten Weltkrieg gab es hier einen Fechtverein, Anfang der 1960er Jahre war in den Räumen der Jazzclub Blue Note beheimatet, und da, wo heute die Lyrik ausliegt, sang Jaques Brel auf der kleinen Bühne. Schließlich gab es hier eine Brasserie. Von da an ging's bergab.

1984 schließlich entdeckten die beiden Buchhändler Brigitte de Meeûs und Jacques Bauduin diese ehrwürdigen, aber völlig heruntergekommenen Räumlichkeiten in der noblen Ladenpassage und eröffneten ihre Buchhandlung, die heute zu den schönsten in Europa zählt. 80.000 Titel hält der Laden vor – von hohem literarischen Niveau bis zur Fachliteratur. Bücherregale und Büchertische raffiniert drapiert zwischen Säulen, Stuck und Spiegeln. Es lohnt ein Blick von der Zwischenebene mit der Kunstabteilung, die eine herrliche Aussicht in den Spiegelsaal ermöglicht.

Das Tropismes in der Galeries des Princes, benannt nach einem Werk der französischen Schriftstellerin Nathalie Sarraute (1900–1999), ist Teil der faszinierenden, 213 Meter langen Königlichen Sankt-Hubertus-Galerien von 1847, erbaut von dem Architekten Jean-Pierre Cluysenaar (1811–1880) im Stil der florentinischen Renaissance.

Adresse Galerie des Princes/Prinsengalerij 11, 1000 Brüssel, Tel. +32/(02)/5128852, www.tropismes.com | **Anfahrt** Metro 1/5, Bus 38/65/66/71, Haltestelle De Brouckère und Gare Centrale/Centraal Station | **Öffnungszeiten** Mo 11–18.30 Uhr, Di–Do 10–18.30 Uhr, Fr 10–19.30 Uhr, Sa 10.30–19 Uhr, So 13.30–18.30 Uhr | **Tipp** Die Galeries Saint-Hubert grenzen unmittelbar an die Restaurantmeile um die Rue des Bouchers an. Lohnenswert: das Restaurant De l'Ogenblik (Galeries des Princes 1).

107 Der Vaartkapoen
Der jugendliche Kanalarbeiter aus Molenbeek

Da öffnet sich plötzlich ein Kanaldeckel, und ein junger Mann greift nach dem Bein eines vorbeigehenden Polizisten. Der gerät ins Straucheln, stolpert und streckt, mit entsetztem Gesicht und einem Schrei, schützend die Hände nach vorn, bevor er krachend zu Boden geht. Eine eingefrorene Szene, einem Schnappschuss gleich, voller Dynamik und Doppelbödigkeit. 1985 humorvoll in Szene gesetzt vom renommierten Brüsseler Bildhauer Tom Frantzen. Die Bronzeskulptur »De Vaartkapoen«, was so viel bedeutet wie »Kanalschelm«, steht vor dem Amtsgebäude der Communauté Française, der Regierung der Föderation Wallonie-Brüssel, am Kanal Brüssel–Charleroi im Stadtteil Molenbeek. Die Intention des Künstlers: Der junge Mann, der Vaartkapoen, taucht plötzlich aus dem Untergrund der Abwasserkanalisation auf, bringt den Polizisten zu Fall und rebelliert gegen die Obrigkeit und seine Autorität. Die Schlussfolgerungen, so der Künstler, bleiben dem Betrachter überlassen. Frantzen will seine Skulptur aber auch als Reverenz an den von ihm verehrten Comiczeichner Hergé und dessen Humor verstanden wissen.

Das westlich der Brüsseler Altstadt gelegene und durch einen Kanal von dieser getrennte Molenbeek, mit seinen rund 100.000 Einwohnern eine der größten der 19 Gemeinden Brüssels, hat historisch den höchsten Ausländeranteil der Stadt. Dominant sind vor allem die in den 1960er Jahren eingewanderten Marokkaner und Menschen aus anderen nordafrikanischen Ländern. Die Straßen und Plätze entlang des Kanals sind überwiegend muslimisch geprägt. In die internationalen Schlagzeilen geriet die Gemeinde nach den Terrorattentaten von Paris am 13. November 2015 und Brüssel am 22. März 2016: Die Spuren der Attentäter führten nach Molenbeek. Der offensichtlich schwer kontrollier- und damit regierbare Stadtteil gilt als eine Brutstätte des islamistischen Terrorismus in Europa und als Zentrum des radikalen Islam in Belgien.

Adresse Place Sainctelette / Boulevard Léopold II, 1080 Brüssel (Molenbeek) | **Anfahrt** Metro 1/5, Haltestelle Comte de Flandre / Graaf van Vlaanderen; Metro 2/6, Haltestelle Yzer / Ijzer; Tram 51, Haltestelle Sainctelette | **Öffnungszeiten** immer zugänglich | **Tipp** Sehenswert ist das Kanalisationsmuseum: Musée des Égouts (Pavillon d'Octroi, Porte d'Anderlecht).

108 Die Villa Empain
Das Anwesen des steinreichen Junggesellen

Die Empains wurden »die belgischen Rockefellers« genannt, denn die Familie war einst ähnlich reich. Baron Edouard Louis Empain (1852–1929) begann als Ingenieur und machte im Eisenbahnbau ein Vermögen. Seine Firmen bauten und finanzierten die Pariser Metro, Straßenbahnen in Lille, Kairo und Taschkent. Im Kongo und in Burundi betrieben die Empains Bergwerke, produzierten weltweit Strom. Der uneheliche Sohn des Barons, Louis Empain, damals 21 Jahre alt und reichster Junggeselle Belgiens, gab 1930 dem belgischen Architekten Michel Polak (1885–1948) den Auftrag, im Botschaftsviertel gleich hinter der Freien Universität Brüssel (ULB) eine Villa zu errichten, die Villa Empain. Es entstand ein unfassbarer Luxus auf 2.800 Quadratmetern Wohnfläche. Außen: Fassaden aus poliertem italienischen Baveno-Granit, mit Blattgold belegte Kantenschutzleisten, ein hufeisenförmiger Pool und riesige Gartenanlagen. Innen: reiner Marmor, Tropen- und Wurzelhölzer aus Indien und Venezuela. Dazu Glasmosaike und eine hinterleuchtete Glasdecke von Max Ingrand (1908–1969). Das alles in den klaren, strengen Linien des Art déco.

Die Villa war pompös und überwältigend. Mag sein, dass Louis Empain deshalb bei der Übergabe der Villa 1934 schlicht kapitulierte und Reißaus nahm. Er wanderte nach Kanada aus und schenkte die Villa nur drei Jahre nach der Einweihung dem belgischen Staat, mit der Auflage, ein Museum einzurichten. Der Architekt Henry van de Velde soll diese Umwidmung betrieben haben. Der Zweite Weltkrieg durchkreuzte die Pläne. Die Villa wurde zunächst von den deutschen Besatzern requiriert, nach dem Krieg zum Sitz der russischen Botschaft umfunktioniert, schließlich Quartier und Studio von RTL. 2006 erwarb die libanesisch-armenische Juwelierfamilie Boghossian das Haus für ihre Stiftung, renovierte es aufwendig und stilgerecht und schaffte das heutige Kunst- und Kulturzentrum zur Förderung des Ost-West-Dialogs.

Adresse Avenue Franklin Roosevelt 67, 1000 Brüssel, Tel. + 32/(0)2/6275230, www.villaempain.com | **Anfahrt** Tram 25/94, Haltestelle Marie-José; Bus 71, Haltestelle ULB | **Öffnungszeiten** täglich außer Mo 11–18 Uhr | **Tipp** Imposant ist das Palais Stoclet (Avenue de Tervuren 281). Die Architektur des Wieners Josef Hoffmann und die Innengestaltung Gustav Klimts sind heute UNESCO-Weltkulturerbe. Das Palais befindet sich in Privatbesitz und ist für die Öffentlichkeit nicht zugänglich.

109 _ Das Wahrzeichen
Das Fenster des Maison Saint-Cyr

Der Maler Georges Léonard de Saint-Cyr (1854–1922) war zu seinen Lebzeiten in Brüssel ein bekannter Mann. Als Künstler ist er weitgehend in Vergessenheit geraten, nicht aber als Bauherr. Prunkstück der zahlreichen Häuser, die er vor allem im Stadtteil Schaerbeek bauen ließ, ist sein Privathaus am Square Ambiorix im heutigen Europaviertel.

Zwischen 1901 und 1903 schuf der Architekt Gustave Strauven (1878–1919) auf einem gerade einmal vier Meter breiten Grundstück dieses Schmuckstück. Architekten zählen das Jugendstilhaus zu den 500 interessantesten Bauwerken der Welt. Das liegt nicht nur an seiner wirklich sehr schmalen »Breite«, das Haus zieht den Betrachter regelrecht an. Filigranes Schmiedeeisen prägt das Bild: Beginnend mit dem Gitter zur Straße hin, setzt es sich fort im Ständerwerk und den Balkongittern auf allen vier Etagen und findet seinen Abschluss in einer Dachbekrönung. Und dann dieses Fenster, das eigentlich gar kein Fenster ist, vielmehr eine kreisrunde Öffnung im obersten Stockwerk mit dahinterliegender Loggia. Das Fensterauge dominiert nicht allein das Haus, sondern den ganzen Straßenzug. Ein Wahrzeichen.

Das Haus wechselte häufig den Besitzer. Die Instandhaltung des Juwels war teuer, und die Renovierung wurde schon im Jahr 1990 auf mindestens 1,5 Millionen Euro taxiert. Denn trotz seiner geringen Breite umfasst das Haus 370 Quadratmeter Wohnfläche. Das Saint-Cyr wurde wegen seiner prominenten Lage schließlich zum Spekulationsobjekt. Lange bestand die Gefahr, dass es schlicht verrotten würde. Seit 1988 ist das Haus denkmalgeschützt. 2008 wurde die Fassade renoviert, von der Stadt Brüssel bezuschusst mit 370.000 Euro. Über das Innere des Saint-Cyr lässt sich weiterhin nur spekulieren. Es befindet sich in Privatbesitz und ist nicht öffentlich zugängig. Der derzeitige Besitzer, ein anonymer Brüsseler Bürger, hat jüngst beantragt, das Maison Saint-Cyr in ein Luxus-B&B mit nur drei Suiten umzuwandeln.

Adresse Square Ambiorix 11, 1000 Brüssel | **Anfahrt** Metro 1/5, Haltestelle Schuman; Bus 60/63/64, Haltestelle Ambiorix (direkt vor dem Haus) | **Öffnungszeiten** von außen immer zugänglich | **Tipp** Die vom Square Ambiorix abzweigende Avenue de la Brabançonne lohnt einen Spaziergang. Die Allee ist zu beiden Seiten mit hohen chinesischen Scheinzypressen gesäumt: ein in Europa sehr ungewöhnlicher Anblick.

110 Der Wallfahrtsort
Die Mariengrotte – Lourdes inmitten der Stadt

Im stark muslimisch geprägten Stadtteil Jette glaubt man, eine Erscheinung zu haben. Man tritt links einer kleinen Kirche durch ein Tor und steht vor dem beeindruckenden Nachbau der Grotte von Lourdes. Sie gilt als eine der authentischsten ihrer Art. Imitationen der Lourdes-Grotten waren zu Beginn des frühen 20. Jahrhunderts groß in Mode und wurden zu beliebten lokalen Wallfahrtsorten. »Ave Maria«, prangt im Rundbogen über dem mit Blumen übersäten marmornen Altar am Eingang der Grotte. Sie war ein Geschenk von König Albert I., der den Wallfahrtsort in Jette häufig besuchte. Hinter dem Altar ist die Grotte begehbar und mit Hunderten Devotionalien übersät: beschriebene Zettelchen, Bilder, Kreuze, Kerzen, Marienstatuen, Plüschtiere und andere, zum Teil sehr persönliche Dinge. Rechter Hand in den Felsen eingelassen thront, von goldenen Rosen umrankt, eine Kopie der Madonna, die der 16-jährigen Bernadette Soubirous 1858 in der Grotte von Lourdes erschienen sein soll. Die Marienfigur hatte nach den Angaben des Mädchens 1864 der Bildhauer Joseph-Hugues Fabisch (1812–1886) für Lourdes modelliert. Unter der Brüsseler Marienstatue preist eine in einen Originalstein aus Lourdes eingelassene Marmorplatte die heilige Bernadette.

Wallfahrten in die Lourdesgrotten wurden unternommen zur Heilung und Linderung von Krankheiten oder mit der Bitte, Menschen aus Gefahren zu retten oder aus dem Krieg heimkehren zu lassen. So war es auch in der 1913 erbauten kleinen Kirche »Unserer Lieben Frau von Lourdes« und der zwei Jahre später, am 15. August 1915, mitten im Ersten Weltkrieg unter der Anteilnahme von über 20.000 Teilnehmern geweihten Grotte von Jette, die zwischenzeitlich zum »Lourdes des Nordens« wurde. Neben der Grotte lädt ein kleiner Park mit dichtem Baumbestand zur Besinnung ein. Zu Füßen eines sechs Meter hohen Kalvarienkreuzes mit Christusstatue beginnt ein 15 Stationen umfassender Kreuzweg mit zahlreichen farbig gestalteten Altären.

Adresse Rue Léopold I 296, 1090 Brüssel (Jette) | Anfahrt Tram 51, Haltestelle Woeste; Bus 49/88, Haltestelle Woeste oder Loyauté | Öffnungszeiten täglich 9–16 Uhr, So bis 17 Uhr | Tipp Sehr reizvoll und eine Ruhezone ist der kleine Parc Baudouin im Norden Jettes mit dem ehemaligen Kloster Sacré-Cœur de Jette (Avenue du Sacré-Cœur 8).

111 — Das Wandgemälde
Paul Delvaux in der Metrostation Bourse/Beurs

Welche Orte einer Großstadt werden stärker frequentiert als U-Bahn-Stationen? Ein Grund, weshalb sich viele Städte entschieden haben, ihre unterirdischen Bahnhöfe auszuschmücken, ihnen Atmosphäre einzuhauchen, sie mit Kunst zu versehen. Aber in diesem Punkt ist keine europäische Stadt so experimentierfreudig und konsequent wie Brüssel. Metrostationen als Schauplatz zeitgenössischer Kunst – das hat seit Jahrzehnten in Brüssel Tradition. Durch Wandbilder, Skulpturen, Mosaike und Fotografien bekommen nahezu alle 69 Stationen des Brüsseler Metronetzes ihren ganz eigenen Charakter. Mal findet man sie in den Eingangshallen, bevor es mit der Rolltreppe nach ganz unten geht, dann in den Stationen selbst, wo man auch aus dem vorbeifahrenden Zug einen Blick erhaschen kann. Die Brüsseler Metro ist eine unterirdische Kunstgalerie.

Neben René Magritte war einer der bedeutendsten Surrealisten unter den Brüsseler Künstlern des 20. Jahrhunderts Paul Delvaux (1897–1994). Er schuf 1978 für die Station unterhalb der Brüsseler Börse eine nostalgische Straßenszene mit den Trambahnen von einst. »Nos vieux Trams bruxellois« (»Unsere alten Brüsseler Straßenbahnen«) – ein Blick auf die alten, oberirdischen Verkehrsmittel. In der Haltestelle Bourse ebenfalls zu sehen: eine Deckeninstallation des Malers und Bildhauers Pol Bury (1922–2005).

Die Station »Hankar« schmückt ein überdimensionales Wandgemälde aus dem Jahr 1976 von Roger Somville (1923–2014): »Notre Temps« (»Unsere Zeit«). In »Anneessens« ist die Arbeit »Sept écritures« (»Sieben Schriften«) von 1976 der belgischen Maler Pierre Alechinsky (geboren 1927) und Christian Dotremont (1922–1979) zu bewundern, die der avantgardistischen Künstlergruppe Cobra aus den 1950er Jahren angehörten. In der Station »Maelbeek« hat der Künstler Benoît van Innis seine beim tödlichen Attentat vom März 2016 beschädigten cartoonähnlichen Fayence-Grafiken eigenhändig repariert.

Adresse Rue Henri Maus 2, Place de la Bourse, 1000 Brüssel | **Anfahrt** Metro 3/4, Tram 31/32, Haltestelle Bourse/Beurs | **Öffnungszeiten** rund um die Uhr (Empfehlung: ein Tagesticket) | **Tipp** Man sollte sich oberirdisch unbedingt die in den Jahren 1868 bis 1873 von Léon Suys erbaute Brüsseler Börse ansehen. Der französische Bildhauer Auguste Rodin lebte mehrfach in Brüssel und hat im Jahr 1870 die Skulpturen an der Börse mitgestaltet.

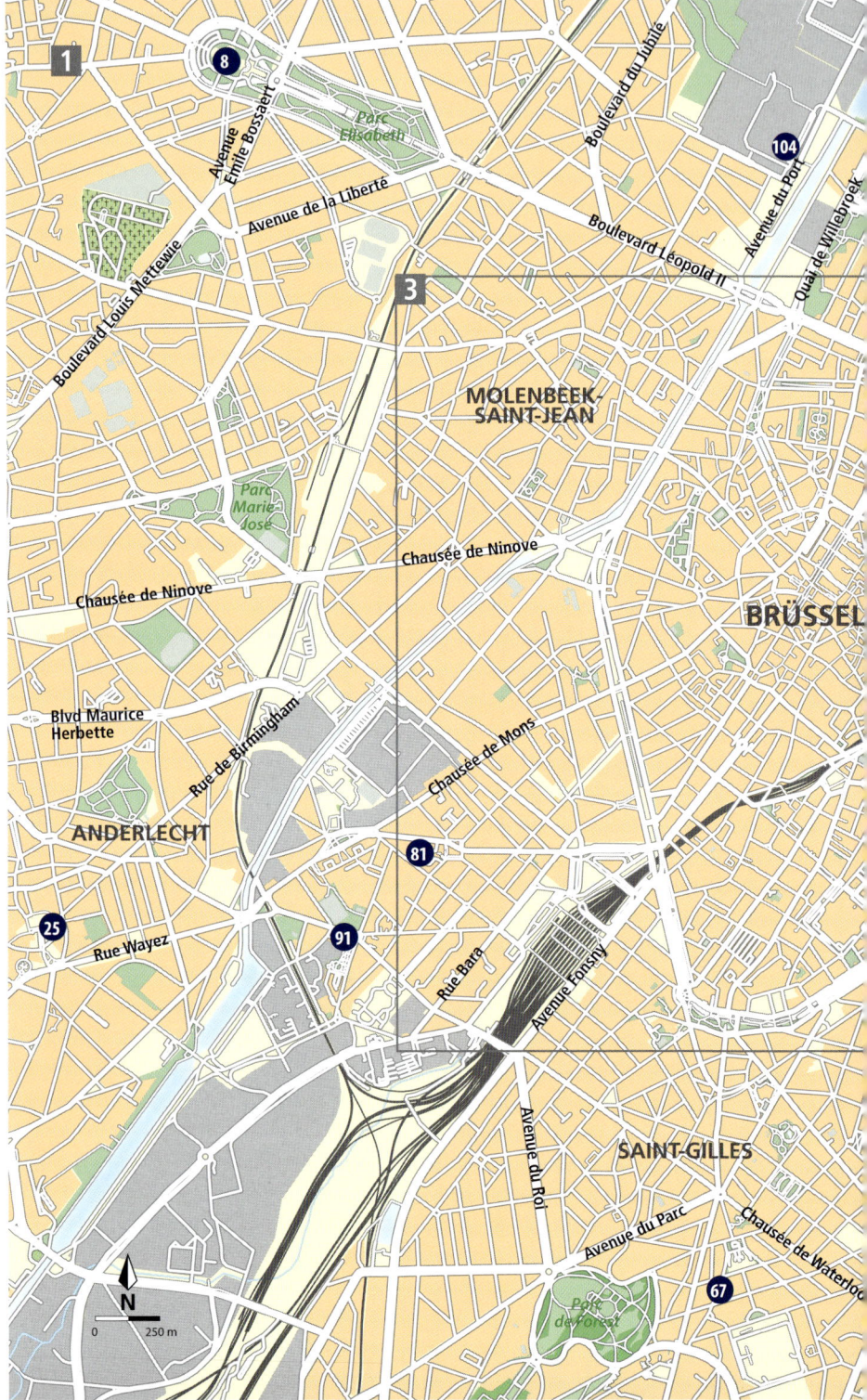

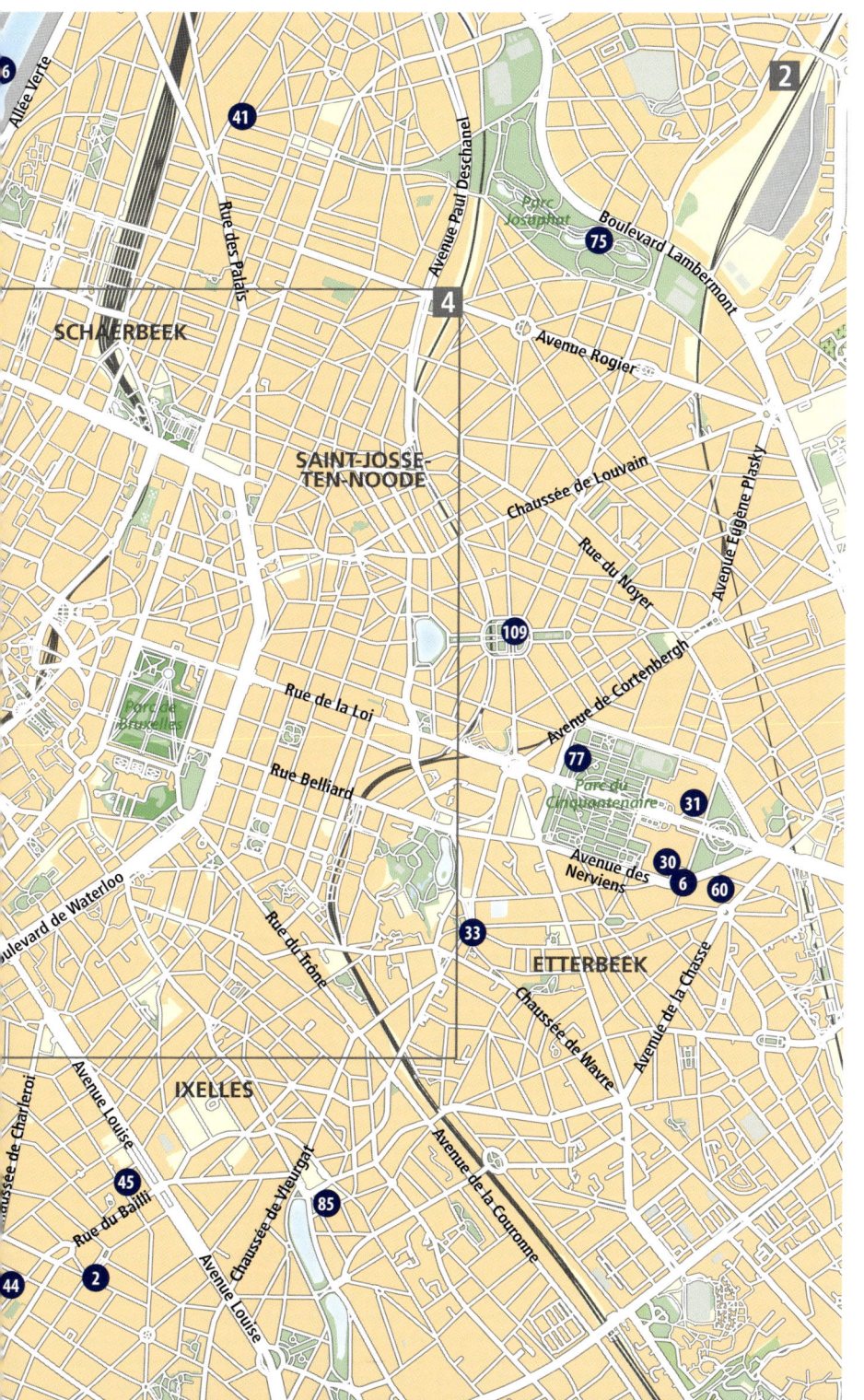

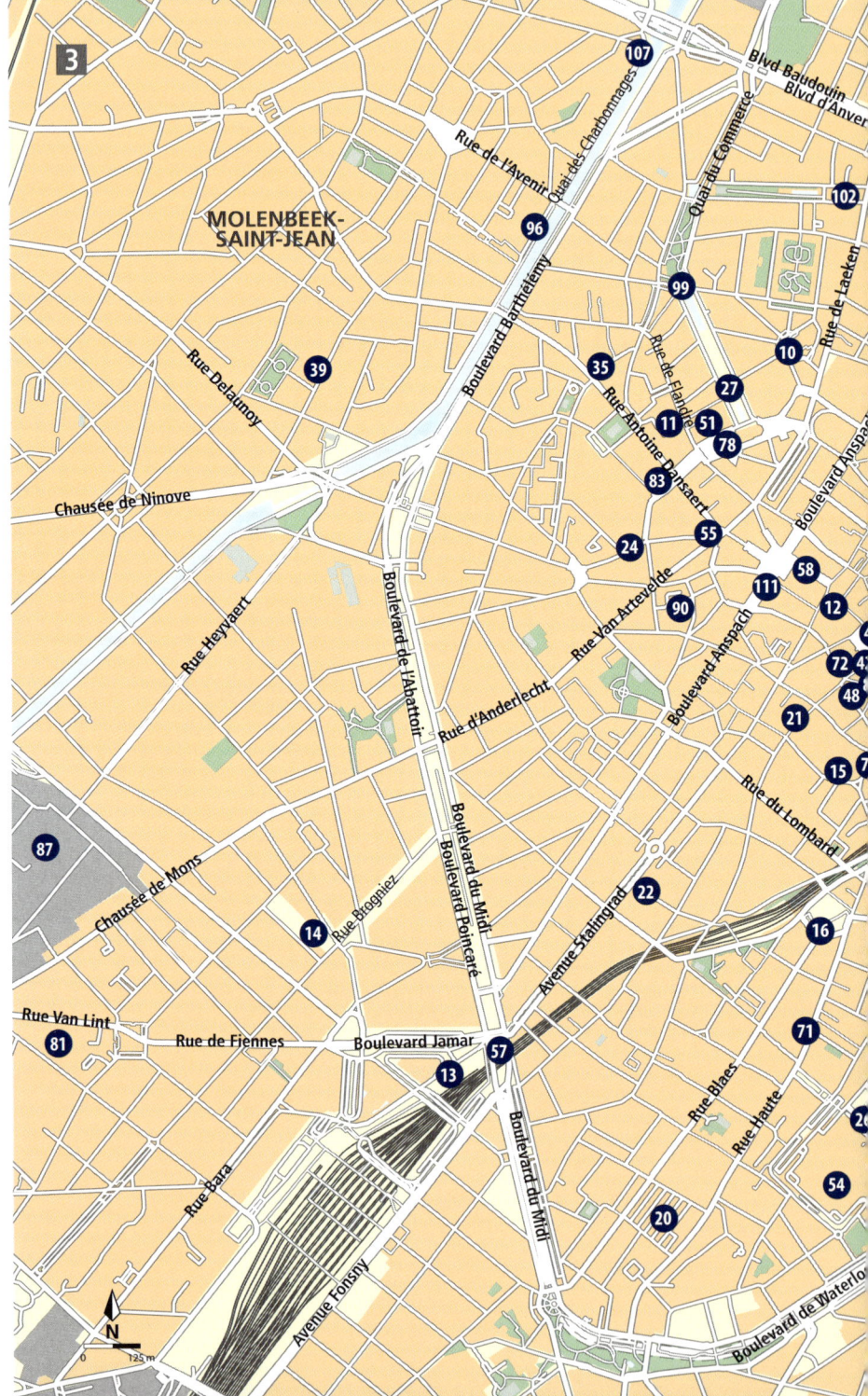

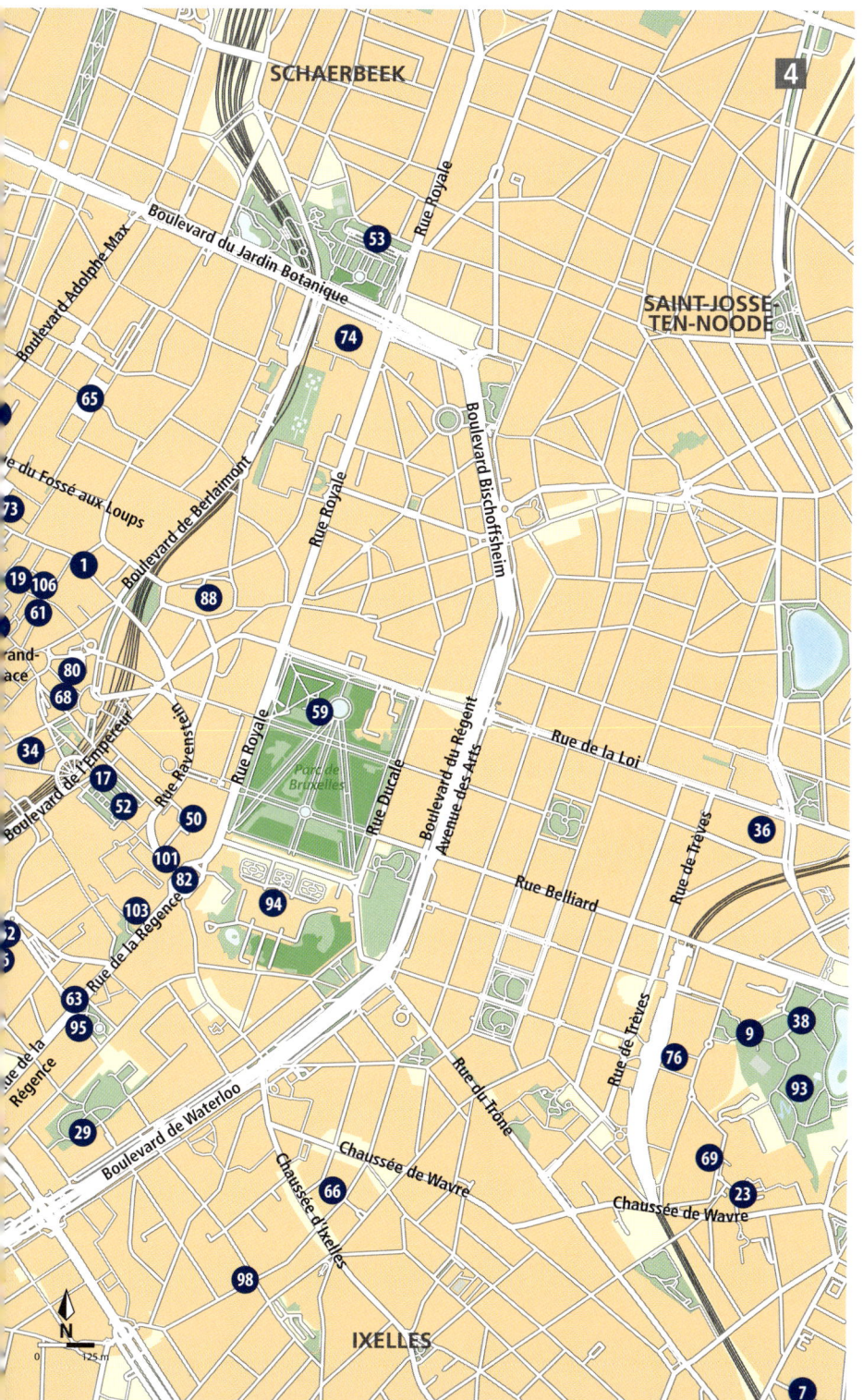

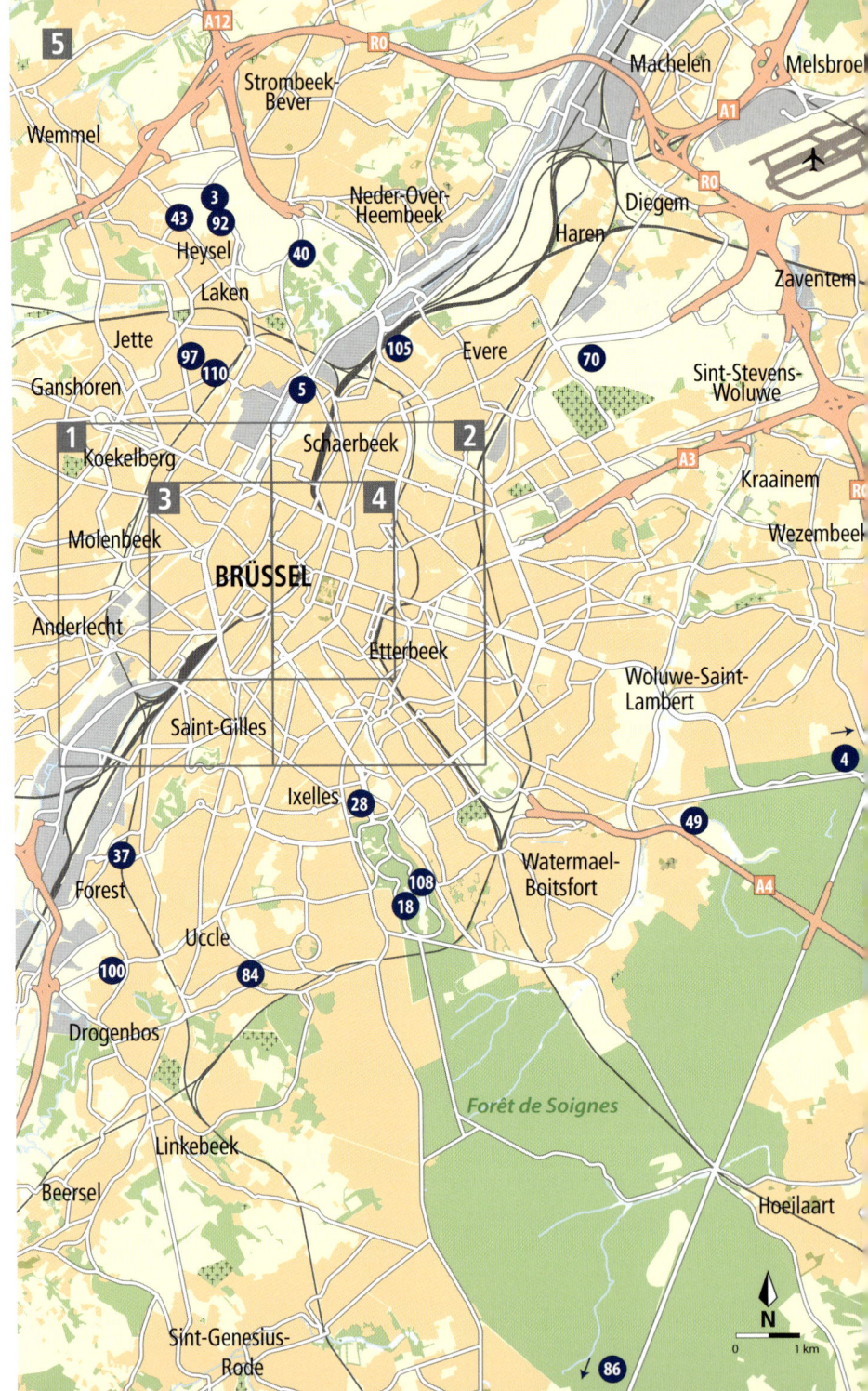

Dorothee Fleischmann,
Carolina Kalvelage
111 Orte in Budapest, die man gesehen haben muss
ISBN 978-3-95451-744-2

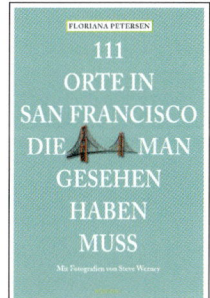
Floriana Petersen
111 Orte in San Francisco, die man gesehen haben muss
ISBN 978-3-95451-750-3

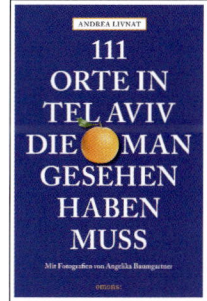
Andrea Livnat,
Angelika Baumgartner
111 Orte in Tel Aviv, die man gesehen haben muss
ISBN 978-3-95451-703-9

Oliver Schröter, Falk Saalbach
111 Orte in Zürich, die man gesehen haben muss
ISBN 978-3-95451-538-7

Rüdiger Liedtke
111 Kölner Meisterwerke, die man gesehen haben muss
ISBN 978-3-95451-838-8

Laszlo Trankovits,
Rüdiger Liedtke
111 Orte in Kapstadt, die man gesehen haben muss
ISBN 978-3-95451-456-4

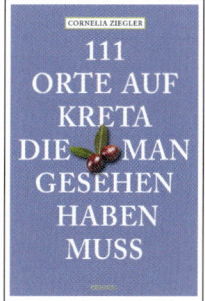
Cornelia Ziegler,
Chris Sindermann
111 Orte auf Kreta, die man gesehen haben muss
ISBN 978-3-95451-540-0

Dorothee Fleischmann,
Carolina Kalvelage
111 Orte an der Costa Brava, die man gesehen haben muss
ISBN 978-3-95451-561-5

Jo-Anne Elikann
111 Orte in New York, die man gesehen haben muss
ISBN 978-3-95451-512-7

Ralf Nestmeyer
111 Orte an der Côte d'Azur, die man gesehen haben muss
ISBN 978-3-95451-563-9

Kirsten Elsner-Schichor, Rainer Bodemer
111 Orte in Karlsruhe, die man gesehen haben muss
ISBN 978-3-95451-593-6

Rüdiger Liedtke
111 Orte in München, die man gesehen haben muss
ISBN 978-3-89705-892-7

Rüdiger Liedtke
55 ½ Orte rund ums Oktoberfest, die man gesehen haben muss
ISBN 978-3-95451-370-3

Eckhard Heck
111 Orte in Maastricht, die man gesehen haben muss
ISBN 978-3-95451-368-0

Rüdiger Liedtke
111 Orte in München, die man gesehen haben muss
Band 2
ISBN 978-3-95451-043-6

Rüdiger Liedtke
111 Orte auf Mallorca, die man gesehen haben muss
ISBN 978-3-89705-975-7

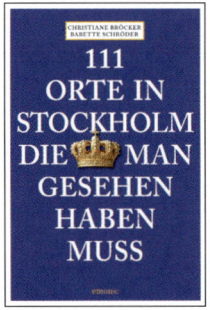

Christiane Bröcker, Babette Schröder
111 Orte in Stockholm, die man gesehen haben muss
ISBN 978-3-95451-203-4

Rüdiger Liedtke
111 Orte in München, die Geschichte erzählen
ISBN 978-3-95451-221-8

Bernd Imgrund, Britta Schmitz
111 Kölner Orte, die man gesehen haben muss
Band 1
ISBN 978-3-89705-618-3

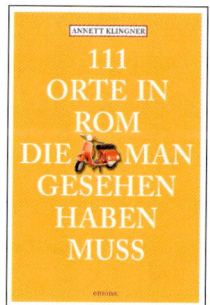

Annett Klingner
111 Orte in Rom, die man gesehen haben muss
ISBN 978-3-95451-219-5

John Sykes, Birgit Weber
111 Orte in London, die man gesehen haben muss
ISBN 978-3-95451-117-4

Lucia Jay von Seldeneck, Verena Eidel, Carolin Huder
111 Orte in Berlin, die man gesehen haben muss
ISBN 978-3-89705-853-8

Lucia Jay von Seldeneck, Verena Eidel, Carolin Huder
111 Orte in Berlin, die man gesehen haben muss
Band 2
ISBN 978-3-95451-207-2

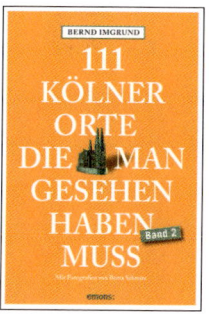

Bernd Imgrund, Britta Schmitz
111 Kölner Orte, die man gesehen haben muss
Band 2
ISBN 978-3-89705-695-4

Rike Wolf
111 Orte in Hamburg, die man gesehen haben muss
ISBN 978-3-89705-916-0

Ralf Nestmeyer
111 Orte in der Provence, die man gesehen haben muss
ISBN 978-3-95451-094-8

Peter Eickhoff, Karl Haimel
111 Orte in Wien, die man gesehen haben muss
ISBN 978-3-89705-969-6

Fotografien

Alle Fotos © Rüdiger Liedtke, außer Ort 70 (NATO-Headquarter Brüssel) und Ort 77 (Kay Walter). Motiv Ort 103: Jacques-Louis David, Der Tod des Marat, 1793. Musée Royaux des Beaux Arts de Belgique. Motiv Ort 30: Retabel van Pailhe, Antwerpen, ca. 1510–1530, Musée du Cinquantenaire.

Der Dank der Autoren gilt besonders Luc Leysen.

Die Autoren

Kay Walter hat viele Jahre in Brüssel gelebt und als Journalist über die Stadt und ihre Menschen zahlreiche Filme gedreht. Er liebt Brüssels gepflegtes Chaos, er schätzt die Küche und das Bier und wirft gerne einen Blick hinter die glänzenden Fassaden.

Rüdiger Liedtke ist Autor der Erfolgsbücher »111 Orte in München, die man gesehen haben muss, Band I und II«, »111 Orte in München, die Geschichte erzählen« und »111 Orte auf Mallorca, die man gesehen haben muss«. Er lebt und arbeitet in Köln. www.ruediger-liedtke.de